I0244456

THÉATRE

DE M.

C. DELAVIGNE.

TOME V. — LA PRINCESSE AURÉLIE.

IMPRIMERIE DE H. FOURNIER,
RUE DE SEINE, N. 14.

THÉATRE

DE M.

C. DELAVIGNE,

DE L'ACADÉMIE FRANÇAISE.

TOME V.

A PARIS,

CHEZ DUFÉY, LIBRAIRE-ÉDITEUR,

RUE DES MARAIS-S.-G., N. 17.

M DCCC XXXIV.

EXAMEN CRITIQUE

DE LA

PRINCESSE AURÉLIE,

PAR M. DUVIQUET.

EXAMEN CRITIQUE

DE LA

PRINCESSE AURÉLIE.

De tous les ouvrages dramatiques de M. C. Delavigne, *la Princesse Aurélie* est celui qui a obtenu le moins de représentations; ce qui ne veut pas dire qu'il ait eu à la représentation moins de succès que les autres, mais seulement que le succès a été moins soutenu, moins retentissant de vogue, moins brillant d'affluence, qu'il a trouvé moins de défenseurs dans ce grand nombre d'écrivains qui se constituent du jour au jour les distributeurs de la renommée littéraire et de la gloire théâtrale.

Si le mérite d'une comédie dépendait des jugemens portés sur sa première représentation, de la foule plus ou moins nombreuse qui se presse aux représentations suivantes ; si le temps et la réflexion ne faisaient pas justice de ces arrêts précipités et enlevés à la légèreté rapide d'une composition de quelques heures, ainsi qu'à l'influence inévitable des souvenirs de la veille, il y aurait plus d'un siècle et demi que *le Misanthrope* et *Britannicus* seraient bannis de la scène française. Il suffirait de rappeler ce qui n'aura pas échappé dans son temps au sieur de Visé, que le chef-d'œuvre de Racine ne fut, dans sa nouveauté, représenté que trois fois, et que celui de Molière ne se soutint qu'à l'aide du bâton dont Sganarelle corrige avec délices les reproches de son impertinente moitié.

Qu'arrive-t-il ? Le temps marche, emportant avec lui les critiques éphémères. Ce qui est bon est bon et reste bon. Les imperfections, les fautes graves elles-mêmes passent par le crible du vieux Saturne, ou, comme la lie d'un vin généreux, tombent au fond du vase ; ce qui survit, ce qui surnage, n'en paraît que plus pur, plus naturel et plus énergique. Telle est la condition de toutes les choses d'ici-bas. Dans le domaine de la matière comme dans celui de l'intelligence, il n'existe rien d'absolument parfait, rien sans mélange. On a reproché, non sans quelque raison, à *Tartufe*, l'invraisemblance fondamentale d'une donation que la présence de deux héritiers directs frappe de nullité ; au *Misanthrope*, le vide, ou, si l'on veut, la faiblesse de l'action ; à *Cinna*, la mobilité du caractère principal et le dénouement que donne à l'exaltation de sa rage primitive *l'adorable Furie;* à la tragédie de

Phèdre, le sacrifice fait à un seul personnage de tous les personnages de la pièce ; à *Andromaque*, un intérêt double et divergent. Que n'a-t-on pas dit et de la marche languissante d'*Esther*, et de la note fortement entachée de jésuitisme, communiquée au nom du grand-prêtre Joad à la vieille Athalie ? Toutes ces critiques peuvent être fondées ; pour le moment, je ne le sais ni ne m'en soucie. S'il me prend jamais fantaisie de les réfuter, peut-être la tâche serait moins glorieuse que facile ; mais enfin, ces critiques existent ; elles ont cours ; elles ont occupé des esprits éclairés, mais prévenus, qui n'ont cessé de combattre, au profit de réputations naissantes, contre des réputations affermies par l'admiration de vingt siècles. Hé bien ! admettez la légitimité de ces critiques ; donnez le bon droit à ces censeurs *désintéressés* de nos immortelles productions ;

faites plus large encore, si vous l'osez, la part des défauts ! ne voyez-vous pas que deux scènes de Molière, deux scènes de *Phèdre*, le récit de *Cinna*, le monologue d'Auguste, rachètent avec une usure judaïque toutes ces faiblesses sur la concession desquelles je me réserverais au besoin le droit de revenir, pour raison de lésion énorme.

Qu'est-ce à dire ? moi, admirateur passionné des maîtres de la scène française, je mets donc *la Princesse Aurélie* dans la même classe, je l'élève à la même hauteur que les chefs-d'œuvre dramatiques des deux derniers siècles ! Ce n'est point là mon raisonnement ; mais je connais bon nombre de jeunes logiciens qui seraient de force à me le prêter : je vais nettement expliquer ma pensée.

Comparer n'est pas égaler. Des objets multiples, quoique d'un mérite différent, soutiennent le parallèle, et ne supposent pas néanmoins l'égalité. Quand l'inégalité est trop forte, quand il s'agit, par exemple, de la *Phèdre* de Racine et de la *Phèdre* de Pradon, l'idée seule d'un rapprochement entre les deux pièces est une niaiserie. Mais si, à quelque distance qu'il en soit placé, l'ouvrage dramatique que l'on met à côté de plusieurs autres se recommande par l'élégante correction du style, par l'harmonie poétique du vers, par une intrigue à la fois forte dans sa trame, et délicate par la finesse des fils dont elle est tissue ; si les caractères en sont variés et supérieurement soutenus ; si les incidens dont elle est semée ne laissent entrevoir qu'à l'œil exercé du connaisseur un dénouement frappant de surprise et de soudaineté, n'y aurait-il pas, surtout à notre époque, injustice et dureté à lui refuser le droit dont ont joui les plus illustres prédécesseurs du poète moderne, d'en appeler de la représentation à la lecture, et de réclamer comme eux, à défaut de la sentence impartiale du théâtre, l'arrêt définitif de la lampe et du cabinet?

C'est là, en effet, que doit se ramener toute la question. La lecture sera-t-elle plus favorable à *la Princesse Aurélie* que ne l'a été la représentation? L'affirmative ne me paraît pas douteuse.

La donnée, ou pour parler français (clause de rigueur quand on rend compte d'un ouvrage de M. C. Delavigne), l'idée principale est spirituelle et piquante. Tromper un vieux tuteur qui veut épouser sans amour la fortune d'une jeune et belle pupille, chose vulgaire et facile! Toutes les Agnès, les Marianne, les Rosine, ont ouvert la voie à ces artifices comiques, et en ont enseigné les chemins; il n'y a plus rien à faire sur nos théâtres pour de nouveaux Arnolphe, de nouveaux Harpagon, de nouveaux Bartholo. Mais qu'une jeune princesse, qui ne donnera sa main qu'avec une couronne, qu'Aurélie, placée sous la vigilance rivale et jalouse de trois tuteurs ambitieux, dont chacun aspire à arriver par la possession de la souveraine à la possession de la souveraineté, que cette femme qui n'a d'autre expérience que celle d'un amour secret qu'elle dissimule avec soin, et le sentiment d'une indépendance qu'elle ne sacrifiera qu'à l'objet aimé; que cette femme, dis-je, vienne à bout de tromper tour à tour, et de tromper les uns par les autres, trois hommes madrés politiques, trois hommes consommés dans les manèges de la diplomatie, et exercés dans toutes les pratiques d'un gouvernement italien : voilà certes une conception tellement originale, que, sans l'art avec lequel elle est exécutée, elle serait justement taxée d'invraisemblance, et reléguée dans la classe de ces romans en dialogues qui, depuis quelques années, ont si tristement remplacé sur notre beau théâtre la peinture des mœurs, ou le développement des caractères historiques.

Eh bien! cette charmante mystification n'est pas au fond ce qui amuse le plus dans l'ouvrage; il en est une autre que je préfère, et j'ai trouvé plusieurs bonnes têtes de mon avis: c'est celle qui a l'air de prendre pour victime le beau, l'intrépide, le jeune comte d'Avella, l'amant impétueux de la princesse, dont il est adoré, et qui semble, pendant toute la pièce, l'objet privilégié de ses rigueurs et de ses injustices. Rien n'est plus plaisant que la situation désespérante de ce pauvre d'Avella, qui a été banni, que l'on rappelle pour lui demander un compte sévère de son administration, et dont enfin, par un acte inoui de clémence souveraine, on veut bien faire un chevalier de Malte, avec la perspective assurée (car il faut tout dire) de la grand'maîtrise de l'ordre. D'Avella chevalier de Malte ! Comme le vœu d'un célibat perpétuel ferait bien les affaires de l'amant, et surtout celles de la maîtresse ! Cependant on peut exprimer en très-beaux vers le contraire de ce que l'on pense et de ce que l'on désire. Je ne résiste pas au plaisir de citer ce court chef-d'œuvre de duplicité féminine :

Voyez quels nobles champs [1] à vos exploits ouverts !
Du joug de l'infidèle affranchir nos deux mers,

[1] Le besoin de la rime a probablement amené le pluriel, qui, en prose, manquerait d'exactitude :

Je vous fermais le champ où vous voulez courir.
RACINE.

Ne brûlant sous la croix que d'une chaste ivresse,
Avoir pour maître Dieu, la gloire pour maîtresse ;
Rival des Lascaris, des Villiers, des Gozon,
A tant de noms fameux unir un plus grand nom :
Un tel vœu, le passé m'en donne l'assurance,
Quand il est fait par vous, est accompli d'avance.

Toutes les actions, tous les discours de la princesse tendent, on le devine sans peine, à éloigner le soupçon de son amour et l'idée de l'élévation prochaine du comte d'Avella. Les trois ministres, dont le consentement unanime est indispensable pour autoriser le mariage d'Aurélie, amadoués par elle, et flattés, chacun

Et donner un champ libre à ses témérités.
MOLIÈRE.

Je crois qu'il serait difficile de trouver un second exemple du pluriel employé ici par M. Casimir Delavigne ; c'est une faute légère qu'on ne relève qu'à raison de l'autorité littéraire de celui à qui elle est échappée.

à part, d'un plein succès, accordent une adhésion qui, d'après l'infaillibilité de leurs calculs, ne peut tourner qu'à leur avantage personnel. Le conseil est assemblé; Aurélie monte sur son trône; elle est entourée de tous les ministres, de tous les grands de l'État. Alphonse d'Avella, relégué dans un coin où personne ne s'aperçoit de sa présence, regarde avec une douloureuse résignation la solennité qui va lui enlever pour jamais la femme qu'il aurait épousée sous la bure, avec laquelle il aurait vécu fortuné dans une chaumière. Nobles qui m'entourez, dit Aurélie ;

> Nobles qui m'entourez, promettez-vous d'avance,
> Faites-vous le serment de fléchir sous sa loi?
> —Oui, nous le jurons tous. — Comte, vous êtes roi.

C'est, jusque-là, le dénouement de *Sémiramis*, avec une forme semblable et à peu près les mêmes expressions. La différence est celle qui sépare une union très-légitime, très-raisonnable, d'une alliance incestueuse et dénaturée. Aussi, au lieu du bruit du tonnerre, de la lueur des éclairs, de toute cette pompe céleste ou diabolique qui, dans la tragédie de Voltaire, vient apporter un obstacle dirimant à un mariage impossible, on n'entend, dans la comédie de M. Delavigne, que les acclamations unanimes d'une cour qui applaudit à un nœud aussi bien assorti, et à peine peut-on distinguer dans ce concert de félicitations bruyantes les murmures étouffés des trois vieux ministres. Ces messieurs voient bien qu'en renonçant au trône, il leur faudra, pour comble de misère, résigner encore leurs trois beaux, leurs trois utiles portefeuilles.

Dans une comédie dont la scène se passe à Salerne, un médecin est un personnage obligé.

Policastro, médecin de la cour, est à son poste; il égaie, par la généralité de sa complaisance obséquieuse, ce qu'il y a de grave dans le sujet; on rit de la naïveté de son érudition, et de ses fanfaronnades médicales, comme du désappointement des trois ministres.

Avec le trône et la main de la princesse, Alphonse reçoit en cadeau de noces les conseils suivans que l'on ne peut trop répéter. Les vers ne sont pas de la même fabrique que ceux du traducteur de l'*École de Salerne*.

Alphonse, levez-vous. Prince, je vous remets
Un sceptre que vous seul porterez désormais.
Prenez : c'est sans regret que je vous l'abandonne;
Mais laissez-moi vous dire à quel prix je le donne.
Vous allez commander à des sujets nombreux ;
Ne régnez pas pour vous, prince, régnez pour eux.
Cherchez la vérité, fût-elle impitoyable!
Ou faites-vous aimer pour vous la rendre aimable.
Aux lois, reines de tous, soumettez le pouvoir;

Soyez grand, s'il se peut; juste, c'est un devoir.
Soyez bon : la grandeur y gagne quelque chose.
Régnez donc ; et des soins que l'État vous impose,
Quand le bonheur public n'exigera plus rien,
S'il vous reste un moment, vous penserez au mien.

On lira avec un vif plaisir, souvent avec un sentiment vrai d'admiration, *la Princesse Aurélie.* Quand le Théâtre-Français, qui s'occupe, dit-on, de sa régénération, aura atteint son but, je veux dire quand il sera revenu au bon sens, au naturel et à la poésie, il remettra *la Princesse Aurélie*; et le public, préparé par la lecture, se portera en foule à la représentation d'un ouvrage d'autant plus agréable pour lui, qu'il en aura été plus long-temps et plus injustement privé.

LA

PRINCESSE AURÉLIE.

Cette comédie a été pour moi le délassement de travaux plus graves ; je ne l'ai jamais considérée que comme un badinage, et j'ai cru que des conversations, semées de traits satiriques, où je me jouerais sans aigreur des hommes et des choses, où je donnerais en riant quelques leçons utiles, pourraient, à l'aide d'une intrigue légère, occuper doucement le cœur et divertir des esprits délicats. La plaisanterie trouve peu de place dans un ouvrage fortement noué, et une pièce satirique est nécessairement moins intriguée qu'une autre. Peut-être ma comédie a-t-elle déplu d'abord à quelques personnes par les qualités même qui feront son succès un jour, surtout pour le lecteur, et qui caractérisent le genre auquel elle appartient.

Je ne me défendrai point : si mon ouvrage renferme des beautés réelles, il vivra malgré les critiques; si le contraire est vrai, je le défendrais en vain, il est juste qu'il meure. On ne m'a fait qu'un seul reproche que je veuille repousser; je dois des remercîmens au critique bienveillant qui a déjà répondu pour moi à cette accusation, mais elle est assez grave pour que je la réfute à mon tour. On a prétendu que j'avais attaqué des hommes à terre. Ces mêmes hommes étaient debout quand j'ai dit :

« Eh bien ! ils tomberont ces amans de la nuit :

« La force comprimée est celle qui détruit ;
« C'est quand il est captif dans un nuage sombre,
 « Que le tonnerre éclate et luit ;
« Et la chute est facile à qui marche dans l'ombre. »

En annonçant leur défaite, je ne pensais pas, je l'avoue, que ma prophétie dût si tôt s'accomplir. Je m'occupais alors de *la Princesse Aurélie* ; je devais la soumettre à leur censure : je les attaquais donc en face dans toute la plénitude, ou plutôt dans tout l'excès de leur pouvoir, et presque sans espérance d'arriver jusqu'au public.

Je dois de la reconnaissance à tous les acteurs qui ont joué dans ma pièce, et je m'empresse de la leur témoigner. Quant à l'actrice inimitable qui a représenté avec tant de grace la princesse Aurélie, on a épuisé pour elle toutes les formes de l'éloge. Que lui dire ? si ce n'est que je confie à son amitié la destinée d'un ouvrage qu'elle seule peut faire comprendre et goûter aux spectateurs. Ils me devront du moins un plaisir, celui d'admirer dans toute sa perfection un des plus beaux talens qui aient jamais honoré la scène.

LA
PRINCESSE AURÉLIE.

PERSONNAGES.

AURÉLIE, princesse de Salerne.
LE COMTE DE SASSANE,
LE DUC D'ALBANO, } Régens de la principauté.
LE MARQUIS DE POLLA,
LE COMTE ALPHONSE D'AVELLA.
BÉATRIX, dame d'honneur de la princesse.
LE DOCTEUR POLICASTRO, premier médecin de la cour.
LE MARQUIS DE NOCERA.
LE GRAND-JUGE.
LE BARON D'ENNA.
LE DUC DE SORRENTE, capitaine des gardes.
UN MEMBRE de l'Académie de Salerne.
SÉNATEURS, COURTISANS, DAMES D'HONNEUR, GARDES.

La scène se passe à Salerne.

LA PRINCESSE AURÉLIE.

ACTE I.

SCÈNE I.

BÉATRIX, POLICASTRO, *entrant par le fond.*

BÉATRIX, *qui prélude sur une guitare, s'interrompt en apercevant Policastro.*

Docteur, Docteur, un mot!

POLICASTRO.

A moi, belle comtesse?

Mes livres, mes travaux, et jusqu'à Son Altesse,

Pour un seul mot de vous que n'aurais-je quitté?

BÉATRIX.

Qui, vous! brusquer ainsi sa royale santé!
Vous ne l'auriez pas fait.

POLICASTRO.

C'est la vérité pure.

BÉATRIX.

Bon! vérité de cour!

POLICASTRO.

Eh bien! je vous le jure.

BÉATRIX.

Parole de docteur! Allez, on vous connaît :
Je vois un courtisan sous ce docte bonnet.
Vous êtes très-malin...

POLICASTRO.

Ah! quelle calomnie!
Je voudrais que la grace au savoir fût unie;

Plaire est tout à Salerne, et c'est là l'embarras
Depuis que le vieux prince, en mourant dans mes bras,
Remit à trois Régens sa suprême puissance.
La Princesse elle-même est sous leur dépendance,
Et ne se marîra qu'à sa majorité,
A moins que des Régens l'expresse volonté
N'abdique, en approuvant l'hymen formé par elle,
Un pouvoir qui dès lors tombe avec leur tutelle.
Dans ce conflit de goûts, d'intérêts opposés,
Voulez-vous réussir ? Comment faire ? Amusez.
Sachez envelopper, selon la convenance,
D'un petit conte aimable une grave ordonnance.
Il faut d'un peu de miel, avec dextérité,
Couvrir les bords du vase où l'on boit la santé :
Le Tasse nous l'a dit, et ces fous de poètes
Nous offrent quelquefois d'excellentes recettes.
Le malade distrait se sent mieux quand il rit ;
Et, pour guérir le corps, je m'adresse à l'esprit.

BÉATRIX.

Eh bien! guérissez-moi, car j'ai l'esprit malade;
Oui, cher Policastro, je suis triste, maussade.

POLICASTRO.

Vous dansez!

BÉATRIX.

Par devoir.

POLICASTRO.

Vous riez!

BÉATRIX.

Sans gaîté ;
Et j'ai, je le sens bien, le moral affecté.

POLICASTRO.

Si je disais tout haut ce qu'au fond je suppose,
L'amour dans tout ceci serait pour quelque chose.

BÉATRIX.

O science profonde! oui, l'amour.

ACTE I, SCÈNE I

POLICASTRO.

       Et constant ?

BÉATRIX.

Non : j'ai cessé d'aimer.

POLICASTRO.

      Ah ! c'est intermittent ;
Bon signe !

BÉATRIX.

  Dégagé d'une première entrave,
Mon cœur, mon faible cœur...

POLICASTRO.

       Rechute, c'est plus grave.

BÉATRIX.

Pour sortir d'embarras à vous seul j'ai recours,
Et je meurs de chagrin sans votre prompt secours.

POLICASTRO.

Danger de mort, voyons. Mais notre art d'ordinaire

Attend pour s'éclairer quelque préliminaire :
Vous aimiez! et qui donc?

BÉATRIX.

Alphonse d'Avella.

POLICASTRO.

C'était un fort bon choix que vous aviez fait là.
Il est beau, jeune, fier, d'une maison illustre,
Et dont la pauvreté ne peut ternir le lustre.
Son nom touche au berceau de la principauté;
Même il eut pour aïeule une aimable beauté.....
Et notre roi Tancrède est, selon la chronique,
Pour une branche ou deux dans son arbre héraldique.
Ainsi, par alliance, il remonte aux Normans.

BÉATRIX.

La belle caution pour la foi des sermens?
Qu'en dites-vous?

ACTE I, SCÈNE I.

POLICASTRO.

Bouillant, mais d'un esprit très-ferme,
Il ouvrit un conseil au siège de Palerme,
Qu'un jour, où j'excitais nos soldats d'assez haut,
Nos preux à barbe grise ont suivi dans l'assaut.
C'est un brave.

BÉATRIX.

Officier dans les gardes du prince,
Il soutenait son nom d'un revenu fort mince;
Car le duc d'Albano, qui depuis fut régent,
Tient à ce cher neveu bien moins qu'à son argent.
Mais la cour l'estimait, d'autant que ses ancêtres
Ont prodigué leurs biens pour défendre leurs maîtres.
Il m'aima; tout dès lors l'embellit à mes yeux :
Ses soins toujours nouveaux, l'éclat de ses aïeux,
Son mérite, à son âge une gloire si belle....
Et puis, comme il dansait, Docteur, la tarentelle!
Dame de la Princesse, et voulant son aveu

Pour conclure un hymen dont on jasait un peu,
J'en parle : avec froideur on reçoit ma prière,
Et l'on envoie Alphonse au nord de la frontière.
Le dépit nous dicta les plus tendres adieux :
Nous prîmes à partie et la mer et les cieux ;
Et devant ces témoins d'une longue tendresse,
De ne jamais changer nous fîmes la promesse.

POLICASTRO.

Jamais! c'est long, Comtesse, et ce mot à la cour
Nous trompe en politique aussi bien qu'en amour.

BÉATRIX.

Je ne le sais que trop. Cependant sur ces rives,
Mêlant aux bruits des mers quelques chansons plaintives,
Aux rochers d'Amalfi, sous ces orangers verts,
Confidens de mes pleurs, de nos chiffres couverts,
De tristes souvenirs j'allais nourrir ma flamme,
Hormis les jours de bal où la cour me réclame ;

Et quand l'astre des nuits répandait ses clartés,
Sassane quelquefois errait à mes côtés.

POLICASTRO.

Sassane ! un des Régens ! ce politique habile,
Qui s'accommode à tout d'un esprit si mobile !
Il a donc pris alors un goût qu'il n'avait point :
Je ne le savais pas idolâtre à ce point
De cet astre des nuits, providence éternelle
Du poète rêveur et de l'amant fidèle.

BÉATRIX.

Il me parlait d'Alphonse, et moi je l'écoutais ;
Je ne vis pas le piège, aveugle que j'étais !
Plus hardi par degrés, il parlait de lui-même,
Je l'écoutais encore... Enfin, c'est lui que j'aime.
L'hymen doit avec lui m'unir dans quelques jours,
Et je sens cette fois que j'aime pour toujours.

POLICASTRO.

Pour toujours, Béatrix ? voilà comme on se vante !

Bien que pour l'avenir le passé m'épouvante,

Je vous crois sur parole... Et d'où naît votre ennui ?

BÉATRIX.

C'est qu'Alphonse à la cour reparaît aujourd'hui ;

Il revient. Cher Docteur, mon appui tutélaire,

Bravez le premier feu de sa juste colère...

POLICASTRO.

L'emploi serait piquant, pour moi dont les aveux

Vous ont toujours trouvée insensible à mes vœux.

Car enfin, je vous aime !...

BÉATRIX.

               Et vous êtes aimable ;

Mais la robe d'hermine est par trop respectable.

Pouvez-vous m'en vouloir, Docteur, si le hasard

Nous fit naître tous deux, vous trop tôt, moi trop tard ?

Et puis, c'est un malheur ; mais s'il faut vous le dire

Je n'ai jamais pu voir un médecin sans rire.

ACTE I, SCÈNE I.

POLICASTRO.

Voilà bien sur les fous l'effet de la raison !
Avec vous ses avis sont pourtant de saison :
Je blâme votre choix ; malheur à qui se fie
Aux amours calculés de la diplomatie !
Votre comte, entre nous, je le crois ruiné ;
Car, bien qu'il soit régent, on dit qu'il est gêné :
Il eut mainte ambassade et savait qu'en affaire,
Un cuisinier profond vaut un vieux secrétaire :
Aussi de ses festins la royale splendeur,
Ce mérite obligé de tout ambassadeur,
A fait sa renommée, et dès lors je soupçonne
Qu'il a payé fort cher tout l'esprit qu'on lui donne.
Je sais qu'à tous les yeux vous avez mille appas ;
Mais croyez-vous qu'aux siens votre dot n'en ait pas ?
Tenez, s'il est permis que tout bas je m'explique,
Je crains après l'hymen un retour politique :
Il peut, s'indemnisant de ses frais amoureux,

Prélever sur vos biens des impôts onéreux,
Et, quand par un contrat vous lui serez soumise,
Administrer sa femme en province conquise.

BÉATRIX.

Ainsi l'intérêt seul formerait ces liens,
Et l'on ne peut alors m'aimer que pour mes biens !

POLICASTRO.

Vous ai-je dit cela ? Puis-je, quand je vous aime,
Douter de ce pouvoir que je ressens moi-même ?
Blâmant ma folle ardeur, désespéré, confus,
En ai-je moins cherché vos dédains, vos refus ?
Le ridicule enfin ? Jugez du sacrifice ;
Un ridicule ici fait plus de tort qu'un vice.
Dites, frivole objet que je m'en veux d'aimer,
Par quels défauts Sassane a-t-il pu vous charmer ?
Est-ce l'ambition qui trouble votre tête ?
Eh bien ! il ne faut pas dédaigner ma conquête :
Vers les honneurs aussi je me fraie un chemin ;

ACTE 1, SCÈNE I.

Un rhume quelquefois met l'État dans ma main ;

Le plus noble malade a ses jours de faiblesse :

C'est moi qui règne alors, même sur la Princesse.

BÉATRIX.

Ne vous y fiez pas : quoiqu'en minorité,

Elle défend les droits de son autorité.

Assemblage imposant de grace et de noblesse,

Bonne avec fermeté, naïve avec finesse,

La princesse Aurélie aux honneurs qu'on lui rend

A droit par son esprit bien plus que par son rang.

Elle sait opposer la ruse à l'artifice,

Calculer mûrement ce qu'on croit un caprice,

Tolérer nos défauts afin de s'en servir ;

Sans faiblesse apparente elle sait à ravir,

Nous cachant ses secrets et devinant les nôtres,

Tourner à son profit les faiblesses des autres.

Enfin je la crois femme à jouer à la fois

Et sa cour de justice et ce conseil des Trois

Où siège des Régens la sagesse profonde,
Et vous, son médecin, qui jouez tout le monde.

POLICASTRO.

Et moi, je vous réponds que je la sais par cœur.
J'ai pris sur sa jeunesse un ascendant vainqueur ;
Mais c'est sans la flatter : tout le monde l'admire :
Quand la vérité flatte, il faut pourtant la dire.
Souvent à son avis je me rends sans effort ;
Mais quand elle a raison puis-je lui donner tort ?
Le matin au palais, où mon devoir m'appelle,
Grave ou gai tour à tour, je cause, et j'apprends d'elle,
Je lis dans ses regards où penche son désir,
Et donnant un conseil, je prépare un plaisir ;
Mais c'est pour sa santé : d'après notre maxime,
Le plaisir sans excès est le meilleur régime.
Son goût change parfois, et je sais l'observer :
C'est un art innocent; un jour, à son lever,
L'ardeur de gouverner dans sa tête fermente ;

ACTE I, SCÈNE I.

Je dis : C'est un beau feu qu'il faut qu'on alimente,
Et ce serait pitié, quand nos jours sont comptés,
D'abaisser à des riens ses hautes facultés.
Une affaire l'ennuie, et j'ose lui défendre
D'accabler son esprit du soin qu'elle va prendre.
L'école de Salerne a dit en bon latin :
Qui veut marcher long-temps se repose en chemin...
Cette candeur lui plaît : son ennui se dissipe;
Jusqu'à parler affaire alors je m'émancipe;
Elle en rit, moi de même, et je suis écouté.
Jugez de mon pouvoir à sa majorité,
Si la fortune veut que pour vous je recueille
L'héritage vacant de quelque portefeuille !
O fortune des cours, ce sont là de tes jeux !
Le ciel du ministère est changeant, orageux,
Et dans ces régions au mouvement sujettes,
Pour une étoile fixe on a vu cent planètes.
Ah ! que le cercle tourne, et je puis quelque jour,

Poindre, monter, briller, me fixer à mon tour,

Ingrate! et vous offrant une illustre alliance,

Vous couvrir des rayons de ma toute-puissance!

BÉATRIX.

Un médecin ministre!

POLICASTRO.

Eh bien?

BÉATRIX.

On vous verrait

Signer une ordonnance en rendant un décret!

POLICASTRO.

Mais si l'évènement enfin vous persuade,

Vous direz.....

BÉATRIX.

Que l'État, Docteur, est bien malade.

POLICASTRO.

Et je vous servirais!

ACTE I, SCÈNE I.

BÉATRIX.

Oui, vous êtes si bon !
Alphonse au grand lever viendra dans ce salon ;
Restez, il faut l'attendre. Hélas ! qu'il m'intéresse !
Non, vous ne savez pas jusqu'où va sa tendresse ;
Pour flatter ses douleurs, vous pouvez me blâmer ;
C'est un pauvre malade enfin qu'il faut calmer.
Employez ces grands mots, ces phrases, ces formules
Dont la solennité trompe les moins crédules ;
Soyez bien éloquent : parlez comme les jours
Où nous vous écoutons, quand vous ouvrez un cours ;
Car ces jours-là, Docteur, vous êtes admirable,
Et vos raisonnemens ont l'air si raisonnable !

POLICASTRO.

Mais.....

BÉATRIX, sortant.

La Princesse attend, je cours à mon devoir.
Parlez, priez, blâmez, vous avez plein pouvoir.

SCÈNE II.

POLICASTRO, seul.

Elle me raille encor! ma faiblesse m'indigne.
Dieu! pour la Faculté quel déshonneur insigne!
Mes élèves aussi souffrent de mes amours;
Un amant professeur manque souvent son cours.
Je vais manquer le mien. N'importe; je m'immole :
Quelqu'un!...

(A un huissier.)

Partez sur l'heure; aux portes de l'école
Qu'on affiche ces mots dès qu'on les recevra :

(Il écrit.)

« Policastro, docteur, recteur, et cœtera...
« Attaqué... » mais de quoi? « d'une grave ophthalmie,
« Remet au premier jour son cours d'anatomie. »
Allez.

(L'huissier sort.)

ACTE I, SCÈNE II.

Voyons ma liste : ah! ah! le cardinal [1]!...
Un rhumatisme aigu qu'il a pris dans un bal.
Peste! un prélat! j'irai... L'économe Fabrice!
Il fait jeûner un peu les pauvres de l'hospice,
Et dans son lit hier avec componction,
Déguisait en migraine une indigestion;
Mais nos appointemens sont de sa compétence,
Je le verrai... Le reste est de peu d'importance :
Des bourgeois, trois captifs revenus de Tunis,
La consultation que je donne gratis...
Ces bonnes actions nous sont très-nécessaires;
Mais notre humanité passe après nos affaires.

C'est trop juste; ainsi donc, tout pesé mûrement,
J'ai quelque temps de reste. Ah! voici notre amant;

---

[1] On dit au théâtre :

. . . . le sénéchal!
Un grand seigneur! j'irai. . . . .

Pauvre comte !... On ne peut, dans le siècle où nous sommes,
Se fier en amour qu'aux promesses des hommes.

SCÈNE III.

POLICASTRO, ALPHONSE.

ALPHONSE, serrant la main du docteur.

Que je revois Salerne avec ravissement !
Quel spectacle enchanteur! quel bruit! quel mouvement!
Quand il fait nuit ici, c'est vraiment bien dommage.
Ces palais, cette mer où se peint leur image,
Tous ces jardins en fleurs, ces voiles, ces drapeaux,
Cette forêt de mâts qui flotte sur les eaux,
C'est superbe! on renaît, Docteur, et pour sourire,
Il suffit en ces lieux qu'on voie et qu'on respire ;
Le pays est divin et l'air est embaumé.

ACTE I, SCÈNE III.

POLICASTRO, à part.

Comme on voit tout en beau quand on se croit aimé !
Il va changer de ton.

ALPHONSE.

La princesse Aurélie,
Charmante à mon départ, est encor plus jolie,
Plus belle, n'est-ce pas ?

POLICASTRO.

Oui, cher comte : le temps
N'est pas un ennemi de dix-neuf à vingt ans ;
Mais la jeune comtesse est bien aussi.

ALPHONSE.

Laquelle ?

POLICASTRO.

Béatrix.

ALPHONSE, froidement.

Ah ! c'est vrai. Comment se porte-t-elle ?

POLICASTRO.

(A part.)

Au mieux. Il est discret.

ALPHONSE.

Eh bien ! donc, malgré vous,
Le prince a succombé, Docteur ?

POLICASTRO.

Que pouvons-nous
Quand la nature enfin ?...

ALPHONSE.

La réponse était sûre ;
On guérit, c'est votre art ; on meurt, c'est la nature.
Nous avons des Régens, et trois ; pourquoi pas dix ?
Que font-ils ? qu'en dit-on ?

POLICASTRO.

Que ce sont trois phénix,
Trois aigles, c'est le mot : du centre à la frontière

ACTE I, SCÈNE III.

Ils versent sur l'État des torrens de lumière.

C'est ainsi que la cour en parle hautement ;

Mais quand on parle bas, on s'exprime autrement.

ALPHONSE.

Ah ! voyons !...

POLICASTRO.

De votre oncle on a fait un grand homme ;

Et le duc d'Albano sans doute est économe,

Mais de ses fonds à lui. Les comptes du trésor,

Qu'il n'a pas trouvés clairs, sont plus obscurs encor.

Perdu dans ce chaos de chiffres et de nombres,

Il voulut séparer la lumière des ombres.

C'était là son orgueil, et dès son premier pas

Il dit : Que le jour soit ; mais le jour ne fut pas.

Changeant, confondant tout, et s'embrouillant lui-même,

Il va, roule à tâtons de système en système.

Dans cette épaisse nuit, troublé par ses grands biens,

Il mêle quelquefois nos fonds avec les siens,

Et par distraction garde ce qu'il faut rendre ;

Mais l'argent se ressemble, et l'on peut s'y méprendre.

C'est votre oncle, après tout...

ALPHONSE.

Qui, lui? le bon parent!

Il n'a jamais voulu me faire qu'un présent,

Sa terre de Pæstum, dont l'entretien l'ennuie ;

Un parc, des fleurs, des eaux qui vont les jours de pluie ;

Et la fièvre, Docteur, qui gâte tout cela.

POLICASTRO.

C'est à moi qu'il devait faire ce présent-là.

ALPHONSE.

Aussi j'ai refusé : mais parlons de Sassane.

POLICASTRO.

De plein vol au conseil sur ses rivaux il plane,

Mais sans voler très-haut, terre à terre, et pourtant

Aux yeux des étrangers c'est un homme important.

Nourrir entre eux et nous la bonne intelligence,

C'est la part qu'il choisit pour son tiers de régence.

Grave dans ses travaux, le soir moins solennel,

Il s'est fait pour le monde un sourire éternel.

Nul soin ne vient rider son front diplomatique.

Sans jamais s'expliquer, parlant pour qu'on s'explique,

Il est fin ; mais souvent, dupe d'un moins adroit,

Il arrive trop tard, faute de marcher droit.

Du reste, à ce qu'on dit, grand amateur des belles,

Et par sa vanité, sans défense contre elles,

Il ne se doute pas qu'une femme à seize ans

En sait plus, pour tromper, que nos vieux courtisans.

ALPHONSE.

Et voilà du pouvoir les suprêmes arbitres !

Enfin à cet honneur ils ont bien quelques titres ;

Mais qui pouvait s'attendre à voir arriver là

Le mérite inconnu du marquis de Polla ?

POLICASTRO.

C'est bien la nullité la plus impertinente
Qui gouverna jamais de Palerme à Tarente !
Battu, je ne sais quand, il se trouva fort mal
Du choc de l'ennemi dans un combat naval.
Il s'enfuit vent en poupe, et du nom de retraite,
En citant les dix mille, honora sa défaite,
En exploita la gloire, et fier de son laurier,
Se fit brusque depuis, pour avoir l'air guerrier.
Il tranche ; il dit : morbleu ! mais sa franchise austère
Adoucit au besoin ce vernis militaire.
Il prétend qu'à la cour il se croit dans un camp,
Et, louangeur outré, vous flatte en vous brusquant.
Qui descend comme moi dans ses terreurs intimes,
Sait qu'il est dégoûté des palmes maritimes ;
Et telle est son horreur, qu'on le vit quelquefois
Pâle de souvenir en contant ses exploits.
Un roi guerrier qui meurt dit du mal de la gloire ;

Le prince en expirant, blasé sur la victoire,
Dans les mains de Polla mit la guerre, et jamais
Prince n'a mieux prouvé son amour pour la paix.

ALPHONSE.

Mais sa fille, sa fille aimable autant que belle,
Sans leur consentement ne peut disposer d'elle ?
Chacun en le donnant perd son autorité ;
L'obtenir, impossible !

POLICASTRO.

Ah ! c'est la vérité.
Conserver ce qu'on tient est un parti commode,
Et les démissions ne sont pas à la mode.
Mais la Princesse un jour rentrera dans ses droits.
Que veut le testament ? qu'elle fasse un bon choix ;
Le temps seul nous éclaire, et ce n'est pas folie
De réfléchir un an au bonheur de sa vie.

ALPHONSE.

Vous êtes d'un sang-froid à me désespérer !

Le temps !... Eh ! sa raison suffit pour l'éclairer.

Je m'irrite en pensant... et pourquoi ? que m'importe ?

Que dis-je ? ah ! quand on aime...

POLICASTRO.

Aisément on s'emporte ;

Mais n'en rougissez pas ; nous sommes tous deux fous.

ALPHONSE.

Comment ?

POLICASTRO.

Je suis épris du même objet que vous.

ALPHONSE.

Vous aimez la Princesse !

POLICASTRO.

Allons donc ; quel blasphème !

Qui, moi ! vous vous moquez.

ALPHONSE.

Mais c'est elle que j'aime.

ACTE I, SCÈNE III.

POLICASTRO, à part.

La Princesse !

ALPHONSE.

Ecoutez : vous apprendrez par moi
Combien un cœur malade est peu maître de soi ;
Et quand à notre perte un fol amour nous mène,
Jusqu'où peut s'égarer l'extravagance humaine.
Vous comprendrez mes maux : mon Dieu! qu'il est heureux
Que pour les mieux sentir vous soyez amoureux.

POLICASTRO.

Bien obligé.

ALPHONSE.

Du jour que j'aimai la Princesse,
Habile à me tromper, j'ignorai ma faiblesse.
Je vis, je voulus voir dans ce fatal penchant
Pour le sang de mes rois un culte plus touchant,
Plus tendre, et cette ardeur imprudemment nourrie

Redoubla, s'exalta jusqu'à l'idolâtrie.

Quels jours plus beaux alors, mieux remplis que les miens !

Je l'aimais, l'admirais, et dans ses entretiens,

Dans ses éclairs d'esprit dont la flamme est si vive,

Dans le mol abandon de sa grace naïve,

Dans ses yeux, dans ses traits, je puisais chaque jour

Ce poison dévorant qui m'enivrait d'amour.

Ma tête se perdait : jugez de mon délire,

Je crus que dans les miens ses yeux avaient su lire.

Vingt fois je crus les voir, pleins d'un trouble enchanteur,

Se reposer sur moi, s'attendrir... Ah ! Docteur,

Quels regards ! mon cœur bat quand je me les rappelle,

Et semble me quitter pour s'élancer près d'elle.

Ils égaraient mes sens ; je cédais ; mes efforts

Ne pouvaient dans mon sein contenir mes transports ;

Vaincu, j'allais parler... jamais beauté plus fière

Ne vous fit d'un coup d'œil rentrer dans la poussière ;

Jamais plus froid sourire à la cour n'a glacé

Sur les lèvres d'un sot un aveu commencé.

Je restais confondu, muet, tremblant de rage ;

Mais en la détestant je l'aimais davantage.

POLICASTRO, à part.

A mes instructions je ne comprends plus rien.

(Haut.)

Cependant Béatrix...

ALPHONSE.

Pour former ce lien,

J'écoutai ma raison ou plutôt ma colère.

Las d'être dédaigné, je résolus de plaire,

D'inspirer cet amour dont j'étais consumé,

D'aimer qui que ce fût, mais au moins d'être aimé !

Je courus au-devant d'un plus doux esclavage ;

La comtesse était belle et reçut mon hommage.

D'un affront tout récent la tête encore en feu,

Un jour de désespoir je lui fis mon aveu.

Le dirai-je? insensé! je crus que Son Altesse

D'un dépit mal caché ne serait pas maîtresse.

Erreur! il fallut plaire, et je m'y condamnai.

Pour me rendre amoureux, quel mal je me donnai!

Souvent plus on est morne et plus on intéresse :

Je touchai Béatrix : j'étais d'une tristesse,

Je m'effrayais déjà de mon bonheur prochain;

Mais je m'y résignais, quand un ordre soudain

En garnison, Docteur, m'exile et nous sépare.

POLICASTRO.

Ah! c'était rigoureux.

ALPHONSE.

Comment! c'était barbare;

M'envoyer à Nola! sans doute pour rêver;

Car l'ordre de la cour m'enjoignait d'observer :

C'était l'emploi prescrit à mon corps de réserve ;

Mais où l'on ne voit rien, que veut-on qu'on observe?

Je sentis quelle main brisait de si doux nœuds :

ACTE I, SCÈNE III.

Ah! vous aviez le droit de mépriser mes feux,

Orgueilleuse beauté ; mais quand ce cœur se donne,

Ne pouvant être à vous, doit-il n'être à personne?

Non; ma faiblesse au moins n'ira pas jusque-là.

J'y pensais, quand un soir je vis dans sa villa

Une veuve encor jeune, aimable et fort jolie,

La baronne d'Elma par son deuil embellie.

Respirant la vengeance, en amant révolté

Dans ce nouveau lien je me précipitai.

Mais soigneux de la fuir, je parais son visage

Des traits toujours présens dont j'adorais l'image.

Je prêtais à sa voix ces dangereux accens,

Que rêvait mon oreille, et lorsque sur mes sens

Cette erreur avait pris un souverain empire,

J'écrivais... Malheureux! à qui pensais-je écrire?

A ma verve amoureuse alors rien ne coûtait;

Mon inspiration jusqu'aux vers se montait :

Oui, j'ai jusqu'aux sonnets poussé la frénésie!

Quelle flamme éloquente et quelle poésie !

Allez, si du public un beau jour ils sont lus,

De Laure et de Pétrarque on ne parlera plus.

Mais chaque lettre, hélas! était pour la Princesse.

Fureurs, transports, sermens, tout... excepté l'adresse.

La baronne lisait; qui m'aurait résisté ?

Je lui parlais d'hymen, j'allais être écouté;

Tout à coup Son Altesse à la cour me rappelle.

POLICASTRO.

Certes, votre colére était bien naturelle.

ALPHONSE.

Furieux, j'obéis; je pars, Docteur; j'accours.

Quels siècles se traînaient dans ces instans si courts,

Où mes vœux empressés dévoraient la distance !

J'arrive : du néant je passe à l'existence;

Mais triste, mais ravi, plein de crainte et d'espoir,

Je vais, je viens, je brûle et tremble de la voir.

Ah! je vous le demande, est-on plus misérable?

ACTE I, SCÈNE III.

Trouble toujours croissant, contrainte insupportable ;

Mal d'autant plus cruel que j'aime à le souffrir,

Que je sens ma folie, et n'en veux pas guérir !

POLICASTRO.

On se moque de vous, et c'est du despotisme.

ALPHONSE.

Que d'intérêt pourtant dans un tel égoïsme !

POLICASTRO.

Pure coquetterie !

ALPHONSE.

Oui, j'en conviens, j'ai tort.

POLICASTRO.

Le célibat par ordre !

ALPHONSE.

Il est vrai, c'est trop fort !

POLICASTRO.

Bien.

ALPHONSE.

Je prends mon parti.

POLICASTRO.

C'est très-bien.

ALPHONSE.

Son Altesse
Saura que je prétends épouser la comtesse.

POLICASTRO.

Comment?

ALPHONSE.

Non, la baronne... Un scrupule que j'ai,
C'est qu'avec Béatrix je me suis engagé.
Voyez de quels chagrins une faute est suivie :
Peut-être je ferai le malheur de sa vie.

POLICASTRO.

Grande leçon, jeune homme ! on plaît à force d'art,
Et le cœur qu'on séduit est constant... par hasard.

ALPHONSE.

Le sien, si vous saviez à quel excès il m'aime!

POLICASTRO.

Je le sais.

ALPHONSE.

N'est-ce pas? O ciel! c'est elle-même!
Je m'en vais.

POLICASTRO

Non, restez.

ALPHONSE.

Ne lui parlez de rien.

POLICASTRO.

Mon dieu! n'ayez pas peur.

ALPHONSE.

Le fâcheux entretien!

SCÈNE IV.

Les precedens, BÉATRIX.

BEATRIX, à part.

Comme il paraît ému ! son désespoir me glace.

ALPHONSE, à part.

Elle est loin de prévoir le coup qui la menace.

(Haut.)

Après un an d'exil, Madame, il est permis
D'éprouver quelque trouble auprès de ses amis.

BEATRIX.

Comte, j'en puis juger par celui qui m'agite,
Et c'est presque en tremblant que l'on se félicite.

ACTE I, SCÈNE IV.

POLICASTRO.

Quel spectacle touchant, et que je suis heureux
Du plaisir qu'à vous voir vous goûtez tous les deux !

BEATRIX.

Oui, quelque changement qu'un an d'absence amène.....

ALPHONSE.

Bien qu'on semble moins tendre et qu'on écrive à peine.

BEATRIX.

N'importe, il est bien doux...

ALPHONSE.

Sans doute, on est charmé
De voir ceux qu'on aimait...

BEATRIX.

Et dont on fut aimé.

(Au docteur.)

Venez à mon secours.

ALPHONSE au docteur.

Tirez-moi donc d'affaire,
Sans rien brusquer pourtant.

POLICASTRO, bas à Alphonse.

Allons, je vais le faire.

(Haut.)

Complimentez Madame ; à ses pieds un contrat
Fixe le plus galant de nos hommes d'État,
Sassane, et vous avez le charmant avantage
D'apprendre en arrivant son prochain mariage.

ALPHONSE.

Quoi ! vous ?... J'en suis ravi, Madame, assurément.

(A part.)

Les femmes !

POLICASTRO à Béatrix.

Il a droit au même compliment :

ACTE I, SCÈNE IV.

La baronne d'Elma vivait dans la tristesse,
Il va la consoler en la faisant comtesse.

BEATRIX.

Ah! j'en suis... Tout le monde en doit être enchanté.

(A part.)

Et moi qui m'effrayais de sa fidélité !

POLICASTRO.

Vous ne dites plus rien ?

ALPHONSE.

J'en aurais trop à dire.

BEATRIX.

J'aurais trop à me plaindre.

POLICASTRO.

Alors il faut en rire.

BEATRIX, à Alphonse en souriant.

Voulez-vous ?

ALPHONSE, riant aussi.

Volontiers.

POLICASTRO, qui rit aux éclats.

Eh bien ! rions tous trois.

Sans se donner le mot, se guérir à la fois !

Voyez quel embarras pouvait être le vôtre,

Si l'un était resté plus fidèle que l'autre.

C'est un coup de fortune, et ceci vous fait voir

Combien l'on a souvent raison sans le savoir.

BEATRIX, tendant la main à Alphonse.

Comte, je vous pardonne.

ALPHONSE.

O bonté sans égale.

POLICASTRO.

Mais chut ! voici la cour.

UN HUISSIER.

Son Altesse Royale !

SCÈNE V.

Les precedens, AURÉLIE, le Grand-Juge, le duc de SORRENTE, le baron d'ENNA, le marquis de NOCERA, un Membre de l'Académie de Salerne, Courtisans, Dames d'honneur, etc.

(Au moment où l'huissier annonce la Princesse, elle sort de son appartement; les courtisans entrent par la galerie du fond.)

AURÉLIE.

Bonjour, Messieurs. Baron, j'ai fait valoir vos droits :

(A un autre courtisan.)

Le conseil pense à vous. Le duc va mieux, je crois :
Complimentez pour moi notre pauvre malade.

(A un autre.)

Comte, vous l'emportez, vous aurez l'ambassade.

(A un membre de l'Académie.)

Ah! notre Académie a fait un fort bon choix :
Le public comme vous a nommé cette fois.

(Au duc de Sorrente.)

Pour ce vieil officier j'ai lu votre demande :
Ses droits sont peu fondés, mais sa détresse est grande.
Il sera secouru.

LE DUC DE SORRENTE.

Que de bontés !

AURELIE.

Marquis,
Votre fête d'hier était d'un goût exquis :
Rien de mieux entendu que ce bal sous l'ombrage.
Tout m'a semblé charmant.

ACTE I SCÈNE V.

LE MARQUIS.

Pardonnez, si l'orage...

AURELIE.

Que voulez-vous ? du temps on ne peut disposer.

LE MARQUIS.

Votre Altesse a daigné...

AURELIE.

J'ai daigné m'amuser.

Vous avez fait honneur à votre présidence,

Et combattu le luxe avec une éloquence,

Grand-juge !

LE GRAND-JUGE.

Mon discours...

AURELIE.

Admirable, accompli,

Au point qu'en parcourant vos jardins d'Eboli,

J'y rêvais... Le beau lieu ! ces marbres, ces antiques,

Quels trésors ! Vous avez des jardins magnifiques.

ALPHONSE, à part.

Pas un seul mot pour moi !

AURELIE.

Que dit-on à la cour,
Béatrix ? contez-moi les nouvelles du jour.

BEATRIX.

Des princes d'Amalfi la brillante héritière,
Si vaine de son rang, de son titre si fière :
Votre Altesse va rire; elle épouse, dit-on,
Un homme de néant : quelque mérite, un nom ;
Mais on la blâme...

AURELIE.

En quoi? pour quels torts? Est-ce un crime
D'immoler son orgueil à l'amant qu'on estime ?
Ce choix, que je connais, ne peut faire un ingrat ;
Je l'approuve; et demain je signe le contrat.
Ayons de l'indulgence : honorer ce qu'on aime,

ACTE I, SCÈNE V.

Comtesse, quelquefois c'est s'honorer soi-même.

BEATRIX.

J'avais tort; tout est bien, vous approuvez leurs nœuds.

AURELIE, à Policastro.

Quel temps, Docteur.

POLICASTRO, qui observe la Princesse.

Madame, un temps...

AURELIE.

Un temps ?

POLICASTRO.

Douteux.

AURELIE.

Mon dieu ! de mille soins j'ai la tête accablée...
Je voulais sur le golfe... Ah ! je suis désolée !

POLICASTRO.

Un admirable temps pour respirer le frais :
Point de soleil, de pluie; un temps fait tout exprès.

AURELIE.

Je pourrais retarder le conseil de Régence?

POLICASTRO, gravement.

Dussiez-vous m'accuser d'un peu trop d'exigence,
Il le faut.

BEATRIX.

Oui, vraiment.

AURELIE.

Si vous le voulez tous,
J'y consens. Eh bien donc ! Messieurs, préparez-vous.

(A Béatrix.)

Il faudra ce matin chercher les barcaroles
Dont le docteur hier nous donna les paroles ;
Ma guitare, Comtesse, est si bien dans vos mains,
Vous nous répèterez vos airs napolitains.
Allez, Messieurs ; la mer effraie un peu les femmes :
Je saurai gré, pourtant, à celles de vos dames

ACTE I, SCÈNE V.

Qui, sur la foi des vents prêtes à tout oser,
Au naufrage avec moi voudront bien s'exposer.

(Toute la cour sort par le fond.)

ALPHONSE, à part.

Rien! rien! que de froideur! Ah! je suis au martyre.

AURELIE, à Alphonse avec sévérité.

Comte, j'aurai plus tard quelques mots à vous dire.

(A Béatrix.)

Venez, et vous, Docteur, passons dans les jardins.

(Tout le monde sort.)

SCÈNE VI.

ALPHONSE, seul.

Comme on me traite, ô ciel! que d'orgueil! quels dédains!

Mon cœur en a saigné ; mais du moins cette inj

Est un remède amer qui guérit ma blessure.

Enfin je n'aime plus : ce serait lâcheté

Que d'adorer encor cette altière beauté.

Revenons à l'objet dont mon ame est éprise,

Au seul objet que j'aime. Oui, vos nœuds je les brise :

Mais je vous le dirai, mais en quittant ce lieu

Ce sera ma vengeance et mon dernier adieu.

Adieu donc pour jamais, fière et froide Aurélie !

A de plus grands que soi vouloir plaire est folie :

N'aimons que nos égaux ! pour qui pense autrement,

L'amitié n'est qu'un piège et l'amour qu'un tourment.

FIN DU PREMIER ACTE.

ACTE II.

SCÈNE I.

BÉATRIX, AURÉLIE.

AURÉLIE, à quelques personnages de sa suite.

Le départ dans une heure ; à mes ordres fidèles,
Faites au pied du môle attendre les nacelles.

(à Béatrix.)

Le docteur vous suivait en vous parlant tout bas :
Que disait-il ?

BEATRIX.

Oh ! rien.

AURELIE.

Ne le saurai-je pas ?

Eh bien ! il vous disait ?...

BEATRIX.

Un mot du comte Alphonse ;
Il le plaint.

AURELIE, en prenant la guitare qu'elle cherche à accorder.

A cela quelle est votre réponse ?

BEATRIX.

Que je le plains aussi. N'est-il pas malheureux
D'avoir pu mériter cet accueil rigoureux ?

AURELIE, lui donnant la guitare.

J'y renonce ; tenez.

BEATRIX.

Je suis bien moins habile ;

Mais si Madame veut, je puis...

AURELIE.

C'est inutile.

Malheureux, vous croyez?

BEATRIX.

Ah! le comte?

AURELIE.

Et qui donc?

BEATRIX.

Désespéré, Madame, et digne de pardon.
Oui, quels que soient ses torts, je le crois excusable,
Et je viens demander la grace du coupable;
En toute humilité, voyez, à deux genoux...

AURELIE.

Enfantillage; allons, Comtesse, levez-vous.
Il vous inspire donc un intérêt bien tendre?

BEATRIX.

Lui ? la seule amitié m'oblige à le défendre ;
Et j'atteste à Madame...

AURELIE.

Eh non ! j'ai plaisanté.
Ouvrez ce porte-feuille.

BEATRIX.

A tant d'activité
On succombe.

AURELIE.

Est-ce fait ?

BEATRIX.

Je tiens la clé fatale ;
Il s'ouvre en gémissant, et l'ennui s'en exhale.
Ma main sonde le gouffre. O Dieu ! que de placets
Qui d'un regard auguste attendent leur succès !
S'il faut répondre à tout pour gouverner l'empire,

ACTE II, SCÈNE I.

On doit être tenté de répondre sans lire.

AURELIE.

On le fait quelquefois ; mais je crois qu'on a tort.
Mes yeux sont fatigués : lisez-moi ce rapport ;
J'écoute.

BEATRIX.

Une dépêche ! elle a plus d'une page...
Oh, Madame ! des vers ! Est-ce que c'est l'usage ?

AURELIE.

Une dépêche en vers !

BEATRIX.

Non pas, mais un sonnet ;
Oublié par hasard sous le premier feuillet ;
Le lirai-je ?

AURELIE.

Voyons.

BEATRIX, lisant.

Vers composés à Nola, sur le tombeau d'Auguste.

« Modèle d'amitié pour un sujet perfide,
« Sans pitié pour l'amour, ton cœur qui pardonna
    « Le crime avéré de Cinna,
    « Punit les torts secrets d'Ovide.

AURÉLIE.

Je veux voir l'écriture.

(Elle lit.)

« Amant d'une princesse, il trahit un devoir;
« Une si douce erreur est-elle si coupable?
    « Sans y prétendre on est aimable,
    « Et l'on aime sans le vouloir. »

BEATRIX.

C'est bien vrai.

ACTE II, SCÈNE I.

AURELIE.

» Loin, bien loin du beau ciel dont l'azur nous éclaire,

« Il meurt, mais il avait su plaire,

« Et l'amour dut le regretter.

« Sur ce froid monument où mon exil m'enchaîne,

« Je consens à subir sa peine,

« Mais je voudrais la mériter. »

BEATRIX.

Je connais... Voyons la signature.
Souffrez...

AURELIE, vivement, repliant le papier.

Laissons cela, nous ferons beaucoup mieux;
Et je dois m'occuper d'objets plus sérieux.
Ne dessinez-vous pas ?

BEATRIX.

Oui, Pæstum; je commence...

(Elle s'établit sur la table qui est de l'autre côté du théâtre, et regarde son dessin.)

Les trois temples debout dans un désert immense ;
La mer où le soleil darde ses derniers traits,
Et sous leurs grands chapeaux trois brigands calabrais.

AURELIE, signant un placet.

C'est juste, et j'y consens.

BEATRIX, en dessinant.

Si j'étais Son Altesse,
Je rendrais un édit dont la teneur expresse
Serait que les brigands obtiendront plus d'égards...

AURELIE.

Vu ?

BEATRIX.

Vu que leur costume est utile aux beaux-arts.

AURELIE

De ce considérant j'admire la prudence,

ACTE II, SCÈNE I.

Et je veux vous admettre au conseil de Régence.

BEATRIX.

Moi ? la discussion n'en irait pas plus mal.

AURELIE.

Si l'on délibérait sur les apprêts d'un bal.

BEATRIX.

J'ai fait de grands progrès, Madame, en politique.

AURELIE.

Le comte de Sassane, il est vrai, vous l'explique.

BEATRIX.

Son Altesse saurait...

AURELIE.

Tout, et vous conviendrez
Que les secrets d'État seraient aventurés.

BEATRIX. (Elle se lève, et vient s'appuyer sur le dos du fauteuil de la Princesse.)

Pourquoi donc ?

AURELIE.

Vous voyez qu'on devine les vôtres.

BEATRIX.

On peut dire les siens et garder ceux des autres.

AURELIE.

Il faut garder les siens; car en fait de secrets,
Une indiscrétion fait beaucoup d'indiscrets.

SCÈNE II.

Les précédens, UN HUISSIER DU PALAIS.

L'HUISSIER.

Le comte d'Avella demande une audience.

BEATRIX.

Madame l'admettra sans doute en sa présence ?

AURELIE, à l'huissier.

Vous allez l'introduire.

BEATRIX.

Ah ! j'espère...

AURELIE.

Ecoutez ;
Sur toute autre disgrace appelez mes bontés.
On doit punir un tort comme on paie un service ;
La bonté dans les rois passe après la justice.
Allez.

BEATRIX, à part.

Quel ton sévère ! Il n'est pas bien en cour.

(Elle sort.)

SCÈNE III.

ALPHONSE, AURÉLIE.

ALPHONSE.

Votre Altesse...

AURÉLIE.

J'ai dû presser votre retour ;
Comte, on se plaint de vous : je m'afflige et m'irrite,
Qu'un homme dont mon père estimait le mérite,
D'un dévoûment connu, d'un nom si respecté,
Ait donné quelque prise à la malignité.

ALPHONSE.

J'étais trop malheureux pour redouter l'envie ;
Et c'est moi qu'on outrage ! On veut noircir ma vie !
Moi, vous trahir ! comment ? de quoi m'accuse-t-on ?

ACTE II, SCÈNE III.

AURELIE.

Ce n'est pas tout-à-fait de haute trahison,
Je ne l'aurais pas cru ; mais d'un défaut de zèle.

ALPHONSE.

Votre Altesse n'a pas de sujet plus fidèle ,
Plus ardent , plus zélé.

AURELIE.

Je l'ai cru jusqu'ici ;
Mais j'ai lieu de penser qu'il n'en est plus ainsi.
Ce dévoûment vous lasse ; un sentiment contraire ,
Des devoirs qu'il impose est venu vous distraire.
Quels sont-ils ? et pourquoi faut-il vous en parler ?
Mais à qui les oublie on doit les rappeler.
Hâter les armemens que le conseil prépare ,
Surveiller les travaux de nos forts qu'on répare ,
En établir les plans, exercer le soldat ,
Placer des corps d'élite aux confins de l'État ,

Tels étaient ces devoirs.

ALPHONSE.

Madame, je vous jure
Que je les ai remplis.

AURÉLIE.

Cependant on assure
Que votre cœur troublé de soins moins importans,
Pour vous en occuper vous laissait peu de temps.

ALPHONSE.

De quels soins parle-t-on ?

AURÉLIE.

Je ne veux rien connaître;
Des penchans de son ame on n'est pas toujours maître,
Et ce sont des secrets que j'aurais ignorés,
S'ils n'avaient compromis des intérêts sacrés.

ALPHONSE.

Permettez qu'à vos yeux ce cœur...

AURÉLIE *sévèrement.*

Monsieur le comte,
C'est de vos travaux seuls qu'il faut me rendre compte.

(Elle s'assied.)

ALPHONSE.

J'obéis : nos soldats, divisés en trois corps,
De Nola sur trois points protègent les abords.
Aux défilés des monts j'en ai placé l'élite...

AURELIE.

Ah ! près d'une villa qu'une baronne habite.
Le Régent de la guerre un jour me la nomma...
La baronne... aidez-moi.

ALPHONSE.

La baronne d'Elma.

AURELIE.

D'Elma ! c'est cela même.

ALPHONSE.

Il ajoutait peut-être
Qu'auprès d'elle assidu...

AURELIE.

C'est ce qui devait être.

ALPHONSE.

Madame!...

AURELIE.

Nos soldats, comme vous le disiez?...

ALPHONSE.

Ont réparé les forts qui m'étaient confiés;
Et de Saint-Angelo l'antique citadelle
Par un nouveau rempart...

AURELIE.

Cette baronne est belle?

ALPHONSE.

Elle a quelque beauté. Convenait-on du moins

ACTE II, SCÈNE III.

Madame, en m'accusant de lui rendre des soins,
Que jamais...

AURÉLIE.

Nos soldats?

ALPHONSE.

J'eus l'honneur de vous dire
Qu'à mon poste fidèle...

AURÉLIE.

Oui; mais écrire, écrire,
Toujours peindre un amour qu'on ne peut renfermer,
Ou voir l'objet, qu'au reste on est libre d'aimer,
Le mal n'est pas moins grand : chaque heure ainsi remplie
Est un larcin qu'on fait au devoir qu'on oublie.

ALPHONSE.

Soigneux de diriger les travaux pas à pas...

AURÉLIE.

Mais il est des travaux dont vous ne parlez pas ;

A vos lauriers, dit-on (la gloire est indiscrète),

Vous ajoutez encor les palmes du poète?

ALPHONSE.

Pardonnez...

AURELIE.

C'est donc vrai? le prodige est réel?

Quoi! poète et guerrier, c'est être universel.

Je doute cependant que cette renommée

Puisse augmenter pour vous le respect de l'armée;

Mais qu'on se perde ou non dans tous les bons esprits,

L'amour d'une baronne est d'un bien autre prix,

Quand d'ailleurs sur vos vers, qu'elle-même publie,

On la juge en tous lieux une femme accomplie.

ALPHONSE.

On a tort.

AURELIE.

Et pourquoi?

ACTE II, SCÈNE III.

ALPHONSE.

Des souvenirs plus chers
Pour une autre, Madame, avaient dicté ces vers.

AURELIE.

Une autre! ah! Béatrix; elle est vraiment aimable :
Mon père à votre hymen ne fut pas favorable ;
Vous l'aimiez : dans le temps je sais qu'on en parla :
C'est elle que vos vers célébraient à Nola ?

ALPHONSE, vivement.

Non, Madame, c'était...

AURELIE, avec fierté.

Qui donc ?

ALPHONSE, avec embarras.

En poésie,
On prend un personnage.., un nom de fantaisie.
On embellit alors cet objet idéal,
D'un charme si puissant qu'il nous devient fatal.

Le poëte en aimant croit aimer son ouvrage :

Mais non, trompé lui-même, il a tracé l'image

Que de son triste cœur le temps n'a pu bannir,

Et sa création n'était qu'un souvenir.

AURELIE.

Un souvenir ! vraiment ? si l'image est fidèle,

D'une beauté si rare où trouver le modèle ?

ALPHONSE.

Sur le trône sans doute.

AURELIE.

     Alors quel souverain

Peut se croire assez grand pour prétendre à sa main ?

ALPHONSE.

Les rois, oui les rois seuls ont le droit d'y prétendre ;

Mais l'admirer du moins quand on a pu l'entendre,

Ne l'oublier jamais quand on a pu la voir,

Ah ! c'est le droit de tous, et c'est presqu'un devoir.

ACTE II, SCÈNE III.

Ce culte de respect et de reconnaissance,
Que l'on rend aux vertus bien plus qu'à la naissance ;
Un peuple vous le doit ; mais s'il est des sujets
Admis par Votre Altesse à jouir de plus près
Du charme qui s'attache à sa présence auguste,
Leur respect plus ardent n'en devient que plus juste.
Un an, tel fut mon sort ; funeste souvenir !
De quels objets depuis il vint m'entretenir !
Lui seul il m'égarait ; il causa ma folie.
N'est-on pas malgré soi poète en Italie ?
Lui seul il me rendait ces jardins, ce séjour,
Ce tumulte enivrant des fêtes de la cour ;
Ces bals où la grandeur noblement familière
Semblait pour régner mieux s'oublier la première ;
Le spectacle touchant des pleurs qu'elle essuyait,
Ce golfe où, sur les flots, lorsque le jour fuyait,
Votre Altesse chantait les airs de sa patrie,
Où les accens plus doux de sa voix attendrie,

Dans le calme du soir, ce silence des vents,

Au milieu des parfums dont s'enivraient nos sens...

AURELIE, *émue.*

La saison fut charmante; oui, je me le rappelle.

ALPHONSE.

Et l'on accuserait la froideur de mon zèle

Quand un seul souvenir remplissait mes esprits !

Qu'on en blâme l'excès, on le peut, j'y souscris;

Qu'on en fasse à vos yeux un crime impardonnable;

Mais si du dévoûment l'excès même est coupable,

Jamais devant son juge avec moins de remords

Sujet plus criminel n'a reconnu ses torts.

AURELIE.

Eh bien donc!... ces remparts... oui, cette forteresse...

Vous disiez ?

ALPHONSE.

J'eus l'honneur de dire à Votre Altesse,

Qu'avant de me résoudre à former un lien

Où tout est convenance, où le cœur n'est pour rien...

AURELIE.

Vous me disiez cela ?

ALPHONSE.

Souffrez que je le dise ;

Il faut qu'à m'engager votre aveu m'autorise.

AURELIE.

Comte, vous l'obtiendrez.

ALPHONSE.

Mais...

AURELIE.

Je crois entre nous

Que l'État, la noblesse, attendaient mieux de vous.

Votre pays sur vous peut avoir d'autres vues.

ALPHONSE.

Oh ! ce sont des raisons que je n'ai pas prévues.

Plutôt que de blesser de si chers intérêts,

Je puis à cet hymen renoncer sans regrets.

AURELIE.

On doit à son pays son temps et ses services ;

Mais il n'exige pas de pareils sacrifices.

ALPHONSE, avec chaleur.

Madame, à son pays on doit tout immoler !

Non ; je n'immole rien : pourquoi vous le céler ?

Hélas ! il faut aimer pour faire un sacrifice ;

Mais plus fier, plus heureux, quel qu'en fût le supplice,

Je l'offrirais encore au devoir tout-puissant

Qui dispose à son gré de mon cœur, de mon sang,

A vos nobles aïeux, à votre auguste père,

A vous surtout, Madame, à vous que je révère,

A vous qu'avec transport je...

AURELIE, se levant.

Vous aimez vos rois :

ACTE II, SCÈNE III.

Cet amour m'est connu ; j'y compte et je vous crois.

Dans de tels sentimens persévérez sans cesse ;

Je vois qu'on m'a trompée et j'en gémis.

ALPHONSE.

Princesse ?

AURELIE.

Tout juger de trop bas ou tout voir de trop haut,

Des sujets et des rois c'est là le grand défaut :

Grace aux détails nombreux, aux nouvelles lumières,

Que j'ai reçus de vous sur l'état des frontières,

Je juge vos travaux, je conçois mieux vos plans,

Et rends justice entière à vos soins vigilans.

Restez auprès de moi, la cour vous est si chère !

C'est un défaut pourtant dans un homme de guerre :

Je l'excuse. Adieu, comte... Ah ! j'avais oublié,

Il faudra des Régens cultiver l'amitié.

Que votre oncle vous voie et qu'il vous félicite...

A notre promenade aussi je vous invite,

Si ce délassement a pour vous quelqu'attrait;

Mais n'y venez qu'autant que cela vous plairait.

En serez-vous ?

ALPHONSE.

Madame!...

AURELIE.

Adieu donc.

SCÈNE IV.

ALPHONSE, seul.

C'est un ange.

De fierté, de douceur, adorable mélange !

Que son regard royal a de charme et d'éclat !

Et puis quelle aptitude aux affaires d'État !

Discuter sur un fait purement militaire;

Cet esprit à lui seul vaut tout un ministère.

C'est par amour du bien que j'en suis amoureux:

Sous son gouvernement que nous serons heureux!...

Je bravais son pouvoir; je voulais m'y soustraire,

Tenir à mes projets : j'ai fait tout le contraire.

J'ai tort, mille fois tort, ma raison me le dit;

Mais quoi! mon traître cœur tout bas s'en applaudit,

S'humilie avec joie, et, vaincu par ses charmes,

Trouve un plaisir d'esclave à lui rendre les armes.

C'en est fait !

SCÈNE V.

Le duc D'ALBANO, ALPHONSE.

UN HUISSIER, annonçant.

Sa Grandeur, le Régent du Trésor !

ALPHONSE.

Mon oncle! Un plan nouveau le préoccupe encor :
Il paraît tourmenté d'un calcul de finance.

ALBANO, sans voir Alphonse.

Je ne pourrai jamais établir la balance :
C'est toujours mon écueil : les emprunts sont charmans,
Hormis les intérêts et les remboursemens.
Pour assainir Pæstum c'est ma ressource unique ;
Mais quel projet ! projet d'utilité publique,
Projet dont le pays se trouvera très-bien !

ALPHONSE.

Et puis vous aurez là, mon oncle, un fort beau bien.

ALBANO.

Qui ! vous ici, Monsieur !

ALPHONSE,

Moi-même.

ALBANO.

Eh ! mais, de grace,
Par quel ordre ?

ALPHONSE.

D'abord que mon oncle m'embrasse.

ALBANO.

Répondez, s'il vous plaît ?

ALPHONSE.

A quoi bon ce courroux ?
Par l'ordre des Régens ; eh quoi ! l'ignoriez-vous ?

ALBANO.

Monsieur, quand on gouverne, on sait tout : mais ma tête
Roulait un grand dessein qu'au passage on arrête.
Me prendre à l'improviste, et venir se heurter
Contre un calcul naissant que j'allais enfanter !

ALPHONSE.

Je reconnais mes torts.

ALBANO.

C'est trop heureux. J'augure
Que vous faites en cour une triste figure.
On vous a mal reçu.

ALPHONSE.

Moi! mon oncle ; un accueil
Qui d'un Régent lui-même eût satisfait l'orgueil!
Une grace achevée! une bonté touchante!

ALBANO, avec tendresse.

Ah! cher comte, tant mieux : votre bonheur m'enchante.

ALPHONSE.

Des éloges sans nombre! et je dois ajouter
Qu'on invite mon oncle à me féliciter.

ALBANO, lui serrant la main.

Du meilleur de mon cœur ; ce cher neveu! mon frère
M'engagea si souvent à te servir de père!...

ACTE II, SCÈNE V.

ALPHONSE.

Et vous m'en servirez ; car, ma foi ! c'est urgent ;
Dieu ! qu'on est orphelin quand on n'a pas d'argent !

ALBANO

Quoi ! des fonds de l'État crois-tu que je dispose ?

ALPHONSE.

Non : mais, à votre aspect (vous comprendrez la chose),
Les vapeurs du Trésor me montant au cerveau,
J'inventais en finance un procédé nouveau.

ALBANO,

Toi !

ALPHONSE.

Je suis sans fortune, et créais sur la vôtre
Un système d'emprunt...

ALBANO,

Qui me plaît moins qu'un autre.

ALPHONSE.

Qui vous plaira, mon oncle; et c'est avec raison
Que j'ai compté sur vous pour monter ma maison.

ALBANO.

Par intérêt public, restez célibataire :
Vous avez des neveux qui vous sortent de terre;
Et pour peu qu'un seul jour on ait administré,
On connaît ses cousins au trentième degré.

ALPHONSE.

Un de vos trois palais me serait très-commode ;
Veuillez me le céder.

ALBANO.

Ce n'est pas ma méthode.
Dans celui du Sénat tu seras grandement.

ALPHONSE.

Mais ce palais, mon oncle, est au gouvernement.

ACTE II, SCÈNE V.

ALBANO.

Et le gouvernement, c'est moi : donc, mon système

Est qu'un gouvernement loge un neveu qu'il aime.

ALPHONSE.

Pour vivre avec mon nom il faut des revenus,

Et les miens jusqu'ici ne me sont pas connus.

ALBANO.

Je me mettrai pour toi l'esprit à la torture ;

Je te promets...

ALPHONSE.

Vos fonds ?

ALBANO.

Non, quelque sinécure.

ALPHONSE.

A moi ?

ALBANO.

Comme ton rang m'oblige au décorum ,

Je veux en ta faveur créer un muséum,

Une direction d'antiquités étrusques,

De médailles.

ALPHONSE.

Pour moi?

ALBANO.

Sans raison tu t'offusques :

Te voilà directeur, ou bien conservateur,

D'un établissement dont je suis fondateur.

ALPHONSE.

Cherchez pour cet emploi quelque brave antiquaire.

ALBANO.

J'en connais : j'aurai soin qu'un bibliothécaire,

Qui ne conserve rien, pour une indemnité

Gagne le traitement qui te sera compté.

ALPHONSE.

Par le gouvernement?

ACTE II, SCÈNE V.

ALBANO.

Va donc au fond des choses.
C'est une abstraction, mon cher, que tu m'opposes,
Et ton oncle lui seul paîra ce traitement,
Mais sur ses revenus, comme gouvernement.
Veux-tu qu'en publiciste avec toi je m'explique ?
C'est de l'économie...

ALPHONSE.

Allons donc !

ALBANO.

Politique.

ALPHONSE.

Eh bien ! ce que par là vous me prouvez le plus,
C'est que l'abus des mots mène à beaucoup d'abus.
Pour moi, quand de mes fonds l'état n'est pas prospère,
J'ai recours sans scrupule à mon oncle, à mon père ;
Mais être à charge à tous, et, fort de votre appui,

Prélever un impôt sur le travail d'autrui !

Non : je renonce au faste et sens que la noblesse

Tient à la dignité bien plus qu'à la richesse.

ALBANO.

Ah ! vous me refusez : soit.

UN HUISSIER.

Leurs Grandeurs !

ALBANO.

Allez :

Mes collègues et moi, nous voici rassemblés;

Laissez-moi recueillir mes sens et ma mémoire,

Pour vaquer aux travaux d'un conseil provisoire.

SCÈNE VI.

Le marquis de POLLA, le comte de SASSANE, le duc d'ALBANO, trois huissiers avec des porte-feuilles.

ALBANO.

Messieurs, je méditais quelque chose de grand ;
Je vous en ferai part.

POLLA.

Tenez ; moi, je suis franc,
Sassane, et vous, cher duc, pardon si je vous blesse,
Mais vous travaillez trop ; vous travaillez sans cesse ;
Vous vous sacrifiez.

SASSANE, au duc d'Albano.

Pour vous c'est dangereux ;

Un esprit créateur est un don malheureux.

ALBANO.

Je m'immole, c'est vrai; mais j'ai droit de le dire,
Votre exemple m'y force.

SASSANE, lui serrant la main.

Union que j'admire!

POLLA.

Sans jamais se fâcher c'est un rare bonheur
Que de se dire ainsi ce qu'on a sur le cœur.

SASSANE. (Il fait signe aux huissiers de se retirer.)

Asseyons-nous, Messieurs; la circonstance est telle
Que sur l'État, le trône, ainsi que la tutelle,
Dont les trois intérêts semblent se compliquer,
J'ai des réflexions à vous communiquer.
Par nos grands aperçus, notre sagesse active,
Nous sommes du pouvoir l'ame administrative;

(Montrant Polla.)

Soit qu'un esprit sans borne en sa capacité

Combatte sur la carte ou prépare un traité ;

(Se tournant vers Albano.)

Soit que par des impôts un soin prudent tempère
L'essor commercial devenu trop prospère,
Soit qu'une politique, ignorée au dehors,
Ébranle l'Italie en cachant ses ressorts.
Mais ce pouvoir, Messieurs, que chacun nous envie,
Et dont le poids peut-être abrège notre vie,
Si d'un commun accord nous l'avons demandé,
Si nous l'avons reçu, si nous l'avons gardé,
Si, par un dévoûment qui tous trois nous honore,
Nous sentons le besoin de le garder encore,
Pourquoi ? dans quel motif et pour quel résultat ?
Le plus noble de tous, l'intérêt de l'État.
Nous gouvernons donc bien ?

ALBANO.

La question m'étonne.

SASSANE.

Et pour nous remplacer nous ne voyons personne.
En esprits du même ordre, il faut en convenir,
Le présent est stérile, ainsi que l'avenir.

ALBANO.

J'avoûrai qu'au pouvoir je ne resterais guère,
Si le Marquis cessait d'administrer la guerre.

POLLA.

Et les finances donc, morbleu! j'ose assurer
Que personne après vous ne pourra s'en tirer.

ALBANO.

Je m'en flatte.

SASSANE.

Pour moi, ma grandeur me fatigue;
Que le siècle en talens n'est-il donc plus prodigue !
Sûr d'être remplacé, libre de soins...

ACTE II, SCÈNE VI.

ALBANO.

Erreur !

Vous retirer ! qui ? vous !

POLLA.

Ma foi ! j'entre en fureur.

Egoïsme tout pur qu'une telle manie,

Et ce n'est pas pour soi que l'on a du génie.

SASSANE.

Ce dégoût des honneurs par moi manifesté

Vous semble pour l'empire une calamité :

Je le combattrai donc; mais si je dois conclure

Que la chose publique irait à l'aventure,

Que tout serait abus, confusion, chaos,

Pour peu qu'un seul de nous rentrât dans le repos,

Veuve de tous les trois, que devient la patrie?

ALBANO.

Et pourquoi donc prévoir ce malheur, je vous prie?

Mon cher collègue, au fait !

POLLA.

C'est vrai, plus de détours ;
J'ai puisé dans les camps l'horreur des longs discours,
Et si je vous en veux, si vous êtes coupable,
C'est que vous me rendez l'éloquence agréable.

SASSANE.

Ce malheur est prochain : à sa majorité,
La Princesse de droit reprend l'autorité,
Règne, et sur les débris d'un pouvoir qu'elle brise
Place un prince inconnu de Toscane, de Pise,
De Ferrare ou de Lucque ; enfin je vous apprends
Que le duc de Modène est déjà sur les rangs.

ALBANO.

Gagnons l'ambassadeur !

POLLA.

Mais, pour Dieu ! point de guerre !

ACTE II, SCÈNE VI.

SASSANE.

Le fer qui tranche tout n'est qu'un moyen vulgaire :
Alexandre-le-Grand me plaît sous un rapport;
Mais comme diplomate il s'est fait bien du tort.
Ne tranchons pas le nœud : qu'une manœuvre habile
Le forme à notre gré pour nous le rendre utile.
La Princesse, Messieurs, nous estime tous trois,
Nous aime : unissons-nous pour diriger son choix,
Non sur un étranger qui, fier du diadème,
Se mettrait dans l'esprit de gouverner lui-même.
Il faudrait dans sa cour choisir un souverain,
Un roi digne de l'être, un roi de notre main,
Noble comme... nous trois.

POLLA.

D'accord.

ALBANO.

C'est sans réplique.

Grand administrateur...

SASSANE.

Ou profond politique.

POLLA.

Ou capitaine habile.

SASSANE.

Et qui nous conservât ;
Car avant tout, Messieurs, l'intérêt de l'État.

POLLA.

Eh bien ! je vais au fait : à quoi bon le mystère ?
Il est temps de parler en loyal militaire.
Je vois qu'aucun de nous ne veut penser à lui :
Pourquoi ? Qu'un de nous règne, et son royal appui
Préserve ses rivaux d'une double disgrace ;
Vous restez, nous restons, et tout reste à sa place.

SASSANE.

Alors, cherchons à plaire ; et pour moi je promets

Qu'au choix de Son Altesse en tout je me soumets.

ALBANO.

Faisons-nous par nos soins des droits à la couronne,
Sans nous nuire entre nous et sans nuire à personne.

POLLA.

M'en préserve le ciel ! Pourtant, sans intriguer,
Tous trois contre Modène il faudra nous liguer.

SASSANE.

La vérité suffit en pareille matière,
Et je veux au conseil la dire tout entière.
Appuyez-moi.

ALBANO.

C'est bien.

SASSANE, à Albano.

Mais votre cher neveu
Est un témoin gênant.

POLLA.

Je l'embarque, morbleu !
Je veux humilier la puissance ottomane,
Et voici quatre mois que la flotte est en panne.
Qu'elle parte : au conseil appuyez mon projet.

SASSANE.

Vous pouvez y compter.

ALBANO.

Moi, sur un autre objet
J'y réclame à mon tour votre utile assistance.

SASSANE.

(Ils se lèvent.)

Vous l'aurez : ainsi donc tout est réglé d'avance.

POLLA.

Arrêtez : nous savons ce que vaut un serment.
Jurons donc d'accomplir ce saint engagement,
En conservant chacun dans ses prérogatives,

ACTE II, SCÈNE VI.

Titres, pouvoirs, emplois, dignités respectives.

ALBANO.

Et traitemens, Messieurs!

SASSANE.

En un mot, jurons tous
De forcer nos neveux à redire après nous
Que trois rivaux d'amour...

POLLA.

De gloire...

ALBANO.

De fortune...

SASSANE.

En disputant le trône ont fait cause commune,
Pour se le partager, sans regret, sans débat,
Et dans un but sacré :

TOUS TROIS, étendant la main pour jurer.

L'intérêt de l'État!

FIN DU SECOND ACTE.

ACTE III.

SCÈNE I.

SASSANE, seul.

Rompre avec la comtesse est un mal nécessaire.

Jeune, on croit qu'en amour le grand art est de plaire,

Plus tard on s'aperçoit que rompre sans éclat,

Par calcul ou fatigue, est le point délicat.

Tromper un vieux ministre, amener par la ruse

Un ennemi vainqueur à la paix qu'il refuse,

Demandent moins de soins qu'il n'en faut pour traiter

Avec l'orgueil déçu d'un cœur qu'on veut quitter.

J'y parviendrai pourtant, j'en ai quelque habitude ;
Tandis qu'à plaire ailleurs je mettrai mon étude.
Mes rivaux, bonnes gens, que je redoute peu,
Mais qu'il faut ménager pour avoir leur aveu !
Roi, je verrai par suite..... Oui, dans notre sagesse,
Nous verrons à quel point nous lie une promesse,
Et si ce grand mobile à qui tout doit céder,
L'intérêt de l'État permet de les garder.
Mais voici la comtesse; au risque d'un orage,
Je veux entre elle et moi mettre un léger nuage.

SCÈNE II.

BÉATRIX, SASSANE

BÉATRIX.

Ah ! quel évènement !

SASSANE.

Qu'avez-vous?

BÉATRIX.

Je promets
Que j'ai fait à la mer mes adieux pour jamais.

SASSANE.

Parlez.

BÉATRIX.

Un ouragan, des vagues, le tonnerre!
La belle horreur à voir quand on la voit de terre!

SASSANE.

Comptez-moi vos malheurs.

BÉATRIX.

Dans ce commun danger,
Un tiers de la régence a failli naufrager.
Car pour narguer les vents, le tonnerre et Neptune,
Notre barque portait César et sa fortune :

Plus galant que jamais, le marquis de Polla,

Le gouvernail en main avec nous s'enrôla.

Son titre d'amiral et son air d'importance

Me rassuraient d'abord sur ma frêle existence.

Je chantais... comme on chante alors qu'on tremble un peu.

Soudain la mer s'élève et le ciel est en feu.

Le marquis, l'air troublé, riait de mon martyre;

Mais de ce rire éteint qui ne vous fait pas rire,

Quand un grand flot survint, qui de front nous choqua;

Notre amiral pâlit, et la voix me manqua.

La barque est en suspens, l'air siffle, le mât crie.

Alphonse au gouvernail se jette avec furie,

Repousse le régent qui sans voix, sans coup d'œil,

Effaré, nous menait tout droit sur un écueil;

Et, si ce bras sauveur n'eût changé la manœuvre,

Dans les flots avec nous achevait son chef-d'œuvre.

A qui donc se fier, alors qu'un amiral

N'entend pas la marine et gouverne aussi mal ?

SASSANE.

Et Son Altesse ?

BÉATRIX.

Oh ! rien : une toilette à faire.
Ce soin, que le voyage a rendu nécessaire,
Dans sa maison du golfe, ici près, la retient.
Mais qu'avait le marquis ? comprend-on d'où lui vient
Cette galanterie à nos jours si fatale ?

SASSANE, à part.

Le sot ! il eût noyé Son Altese Royale,
Pour lui faire sa cour !

BÉATRIX.

J'en ris dans ce moment !
Mais à vous, loin du port, je pensais tristement :
Oui, comte, à chaque flot dont j'étais menacée,
Votre désespoir seul occupait ma pensée.
Il ne me verra plus ! qu'il va me regretter !

Disais-je, et que de pleurs ce jour va lui coûter !...
M'auriez-vous survécu, Sassane?

SASSANE.

Moi! Comtesse!

O Dieu!

BÉATRIX.

Non? Quoi! vraiment? Voilà de la tendresse!
Et l'on dit qu'à la cour on ne sait pas aimer...
Que sur vos sentimens j'eus tort de m'alarmer!

SASSANE, d'un air piqué.

Un tel aveu me blesse, et jusqu'au fond de l'ame.

BEATRIX.

Mais je n'en doute plus.

SASSANE.

Pourquoi donc pas, Madame?

Certes, vous le pouvez.

ACTE III, SCÈNE II.

BÉATRIX.

Ce courroux est charmant ;
Et pour me rassurer il vaut mieux qu'un serment.

SASSANE, à part.

Elle a paré le coup.

BÉATRIX.

Dieu ! que je suis ravie !
Quand on a cru la perdre, on aime tant la vie !

SASSANE.

Et la vôtre est si douce ! A l'abri des chagrins

Tous vos jours sont à vous ; ils sont purs et sereins.

Les miens... O vain éclat ! faux biens ! grandeurs fragiles!

Les miens sont condamnés au malheur d'être utiles,

Du souffle de l'envie agités dans leur cours,

En proie aux soins amers, aux tourmentes des cours.

Quels destins ! ah Comtesse ! et ce cœur sans courage

Veut vous associer à leur triste esclavage ;

Et je crois rendre heureuse, et je prétends chérir

Celle à qui, pour présent, ma main vient les offrir ..

Ah! puissé-je employer la force qui me reste

A détourner de vous cet avenir funeste,

A vaincre le désir dont je suis combattu!

Je le veux, je le dois, j'en aurai la vertu!

BEATRIX.

Ce combat généreux m'attendrit jusqu'aux larmes,

Et jamais votre amour n'eut pour moi tant de charmes!

SASSANE, à part.

Comment donc la fâcher?

BEATRIX.

Je sens mieux, près de vous,

Ce qu'au fort du danger le comte osa pour nous.

SASSANE,

(A part.) (Haut.)

Ah! voilà le moyen! Même avant ce service,

ACTE III, SCÈNE II.

On sait qu'en l'admirant vous lui rendiez justice.

BEATRIX.

Comment ?

SASSANE.

Il est trop vrai ; je l'avais soupçonné ;
Et de votre froideur je m'étais étonné.
Non, depuis quelque temps vous n'êtes plus la même.

BEATRIX.

Moi !

SASSANE, vivement.

Ne m'expliquez point cette réserve extrême ;
Je la comprends, j'eus tort ; et c'est trop présumer
Que de prétendre au cœur qu'un autre a su charmer.
Je ne m'arrête pas au vain motif qu'on donne
A ce retour soudain qui n'abuse personne.
On sait qui s'employa pour le solliciter ;
Il revient, il vous sauve : il devait l'emporter.

Il l'emporte en effet : pourquoi vous en défendre ?
Vous me faites justice, et je dois me la rendre.

BEATRIX.

Vous, jaloux ! se peut-il ? vous m'aimez à ce point !

SASSANE, à part.

Rien ne me réussit : mais ne faiblissons point.

(Haut.)

Jaloux ! oui, je le suis ; je l'étais !... sans se plaindre
On s'obstine à douter, on souffre à se contraindre.
Le soupçon qu'on veut fuir vous ronge à tous momens ;
On se brise le cœur pour cacher ses tourmens ;
Mais on se lasse enfin d'un si cruel mystère !

BEATRIX.

Non, jamais comme vous on n'aima sur la terre !
Quel bonheur !

SASSANE, à part.

C'est vraiment de la fatalité ;

(Haut avec violence.)

Mais je la fâcherai. Je ne suis pas quitté :
Je brise le premier des nœuds dont on se joue ;
Je romps tous mes sermens et je les désavoue :
Mais vous l'avez voulu ; mais j'ai trop supporté
Tant de coquetterie et de légèreté !
Qu'un autre soit aimé, j'y consens ; que m'importe ?
Perfide !.. Mais pardon, je sens que je m'emporte,
Que ce reproche est dur, que j'ai pu prononcer
Quelques mots trop amers pour ne vous pas blesser ;
Que ce honteux oubli de toute bienséance
Vient d'attirer sur moi votre juste vengeance ;
Que votre dignité vous en fait un devoir,
Et qu'après ce transport je ne dois plus vous voir.

BEATRIX.

C'est l'amour à son comble ! il me touche, il me flatte ;
Et si je résistais, je serais trop ingrate.
Je dois par notre hymen couronner cet amour ;

Je cède, et c'est à vous d'en fixer l'heureux jour.

SASSANE.

(A part.)   (Froidement)

Impossible..... Je sors : je cherchais la Princesse...

BEATRIX, gaiement.

Et pas moi, n'est-ce pas ?

SASSANE.

Dites à Son Altesse,

Si vous le trouvez bon...

BEATRIX.

Que vous êtes jaloux,

Et que pour vous guérir il faut m'unir à vous !

SASSANE.

Pas un mot de cela, Comtesse, je vous prie !

BEATRIX.

On rirait... Bien vous prend de m'avoir attendrie;

Je dirai : Sa Grandeur, Madame, a tout quitté

Pour s'informer ici d'une auguste santé.

C'est bien ?

SASSANE.

Je vous rends grace ; on ne peut pas mieux dire.

(A part.)

Pour rompre, quand on plaît, le meilleur est d'écrire.

SCÈNE III.

BEATRIX, seule.

C'est qu'il est très-jaloux !.. Avec un peu de soin

Si l'on était coquette on le mènerait loin ;

On ne l'est pas ; oh ! non ! Et pourtant quelle gloire :

Traîner une excellence à son char de victoire !

S'amuser des tourmens d'un ministre amoureux,

C'est venger son pays... Non, vous serez heureux,

Monseigneur, on vous plaint, on pardonne au coupable.

Ah! tant que nous l'aimons, qu'un jaloux est aimable!

SCÈNE IV.

POLICASTRO, AURÉLIE, BÉATRIX.

AURELIE au docteur qui la conduit.

Quoi! tous les trois, Docteur, et vous me l'assurez?

POLICASTRO.

J'ai su ce grand complot d'un des trois conjurés.

BEATRIX, courant au devant de la Princesse.

On conspire, Madame?

AURELIE.

Ah! vous voilà, peureuse!

ACTE III, SCÈNE IV.

POLICASTRO, *arrêtant la Princesse qui fait quelques pas vers Béatrix.*

Toute commotion pourrait être fâcheuse ;
Doucement ! Quel effroi tout à coup j'éprouvai,
Madame, quand chez moi le comte est arrivé,
Me pressant de partir, éperdu, hors d'haleine,
Tremblant pour Votre Altesse, et pâle... il faisait peine ;
Dans un état...

AURELIE, *vivement.*

Il souffre, et vous l'avez quitté !
Mais courez donc !...

POLICASTRO.

Il est en parfaite santé.

AURELIE.

Le singulier effet d'une terreur profonde !
Quand on a craint pour soi, l'on craint pour tout le monde ;
N'est-ce pas, Béatrix, on est faible ?

BEATRIX.

Oui, vraiment.

(Au docteur en riant.)

Mais puisque la pâleur est un signe alarmant,
Comment va le marquis ?

AURÉLIE.

Votre gaîté m'étonne.
A quelque chose au moins je veux qu'elle soit bonne ;
Allez et montrez-vous ; que cet air satisfait
Répare un peu le mal que vos récits ont fait.
Consolez nos sujets, et dans la galerie
Rassurez cette foule inquiète, attendrie.
Leur visage, où j'ai lu l'évènement du jour,
Est encor tout défait et presque en deuil de cour.

BEATRIX.

J'y vais.

AURELIE, à Béatrix qui reste

Eh bien!

BEATRIX.

Madame a quelque chose à dire?

AURELIE.

Oui.

BEATRIX.

Des secrets d'État?

AURELIE, avec douceur

Laissez-nous.

SCÈNE V.

POLICASTRO, AURÉLIE.

AURELIE.

Je respire!

Être seul, être heureux, et n'agir qu'à son goût,

Ces trois points exceptés, quand on règne, on peut tout.

POLICASTRO.

Royale liberté !

AURELIE.

Nous sommes tête à tête :

Parlons des prétendans dont j'ai fait la conquête.

De qui le savez-vous ?

POLICASTRO.

D'un loyal chevalier :

Aux usages des cours trop franc pour se plier,

Le marquis se repose en mes faibles lumières.

Se défiant un peu de ses graces guerrières,

Sur mon appui, Madame, il fonde quelque espoir ;

Car à votre docteur il suppose un pouvoir,

Que ce docteur n'a pas.

AURELIE.

Allons ! c'est modestie :

ACTE III, SCÈNE V.

Vous savez le contraire, et je suis averti
Qu'on dit chez bien des gens que vous me gouvernez.

POLICASTRO.

Qui? moi! bonté du ciel!

AURELIE.

Vous vous en étonnez?
Au fond, c'est un peu vrai. Parlez.

POLICASTRO.

Je vous révèle
Cette insurrection d'une espèce nouvelle,
Qui n'irait à rien moins qu'à faire un souverain,
Même trois, si l'un d'eux obtenait votre main.
Car chacun sacrifie une courte régence
A l'espoir plus réel d'en garder la puissance.

AURELIE, à part.

Dieu! que l'occasion serait belle à saisir!
Libre... mais quel moyen?... Mon cœur bat de plaisir.

POLICASTRO.

Votre Altesse sourit du projet d'alliance ?

AURELIE, de même.

Je peux... oui, c'est cela !

POLICASTRO.

J'imaginais d'avance
Que le triple serment et l'hymen concerté
Feraient sur votre front naître l'hilarité.
Jamais hommes d'État, si le complot circule,
Ne seront affublés d'un plus beau ridicule.
Aussi le comte Alphonse, avec qui j'ai causé...

AURELIE.

Le comte !

POLICASTRO.

Ainsi que vous il s'en est amusé,
Et m'a dit : Si jamais votre noble maîtresse,
D'un sujet, cher Docteur, couronne la tendresse,

Je ne présume pas que, pour faire un heureux,
Un tel excès d'honneur tombe sur un d'entre eux.

AURELIE.

Le comte a dit cela ! ma surprise est extrême ;
Il connaît mieux alors mes projets que moi-même.

(A part.)

Pas un, pas même lui ne saura mon secret.

(Au docteur à voix basse.)

Policastro !

POLICASTRO.

Madame !

AURELIE.

Il faut être discret.

POLICASTRO.

De ce devoir sacré je fus toujours esclave.

AURELIE, elle s'assied.

Approchez, parlons bas; la circonstance est grave.
Décidons de mon sort : sur qui fixer mon choix ?

POLICASTRO.

Sur qui ? Madame veut...

AURELIE.

     Couronner un des trois;
C'est décidé; lequel ?

POLICASTRO.

    Des trois Régens ?

AURELIE

       Sans doute.

POLICASTRO, à part.

Dieu ! comment deviner ?..

AURELIE.

     Lequel ? je vous écoute.

ACTE III, SCÈNE V.

POLICASTRO.

(A part.)

Je n'hésiterais pas... C'est fort embarrassant.

(Haut.)

Mon avis est d'abord qu'en y réfléchissant,
Car il faut réfléchir avant de rien conclure,
Sassane...

AURELIE.

Y pensez-vous ?

POLICASTRO.

Moi, je pense à l'exclure.

AURELIE.

Lui qui pour vingt beautés s'est fait peindre, dit-on !

POLICASTRO.

En habit de ministre avec son grand cordon.

AURELIE.

Et dans ma galerie à s'admirer s'apprête.

Mon sceptre d'or en main et ma couronne en tête;

Non : mes graves aïeux, je crois, n'y tiendraient pas;

Ce serait trop plaisant.

POLICASTRO.

Ils riraient aux éclats;

Et depuis neuf cents ans qu'ils ont perdu la vie,

Un tel roi pouvait seul leur en donner l'envie.

Détrôné !

AURELIE.

Point de grace !

POLICASTRO.

A perpétuité,

Lui, les rois de sa race et leur postérité.

AURELIE, après une pause.

Quant au duc d'Albano...

ACTE III, SCÈNE V.

POLICASTRO.

J'y pensais.

AURELIE.

Homme utile !

POLICASTRO.

Indispensable.

AURELIE.

Esprit en ressources fertile.

POLICASTRO.

Il invente en finance, et ce n'est pas commun.

AURELIE.

Qui créa cent projets.

POLICASTRO.

S'il n'en avait fait qu'un,
On dirait : le hasard !... mais...

AURELIE.

Fût-ce une manie,

Elle est noble.

POLICASTRO.

C'est vrai ; grands moyens ! beau génie !

AURELIE.

Mais de tous les humains c'est le plus ennuyeux !

POLICASTRO.

Le grand homme, il est vrai, reçut ce don des cieux ;
Il l'était par nature, et les mathématiques
L'ont achevé... Chagrins, vapeurs mélancoliques,
Dégoût de tous les biens, abattement moral,
Voilà ce que l'ennui provoque en général.
Dérobons-lui vos jours dont le soin me regarde ;
On peut mourir d'ennui, si l'on n'y prend pas garde.

AURELIE.

N'y songeons plus, Docteur ; vos avis sont des lois.

POLICASTRO.

C'en est donc fait encor d'une race de rois ?

ACTE III, SCÈNE V.

AURELIE.

Oui, détrônons le duc.

POLICASTRO.

Seconde dynastie,
Morte avant que de naître, éteinte, anéantie !

AURELIE.

Eh bien !

POLICASTRO.

Eh bien, Madame ! entre les candidats,
J'ose le répéter, je n'hésiterais pas.
On n'a pas deux avis : le mien reste le même ;
Un d'eux m'avait semblé digne du rang suprême,
Je ne voyais que lui, c'est lui seul que je vois :
Enfin, c'est au marquis que je donne ma voix.

AURELIE.

Son grand nom, ses exploits, tout me porte à vous croire.

POLICASTRO.

A votre avénement il vous faut de la gloire.

Dans les vers composés pour un avénement,

Le myrte et le laurier font un effet charmant.

AURELIE.

J'en conviens : des lauriers l'éclat toujours magique

Change en amour pour nous la vanité publique.

POLICASTRO.

Ajoutons à cela trois mots de liberté,

Et voilà pour six mois tout un peuple en gaîté...

Puis on gouverne après comme on veut, c'est l'usage.

AURELIE.

Et comme on peut, Docteur. Mais avec quel courage

Vous m'avez, en ami, dit votre sentiment,

Sans consulter le mien et sans déguisement !

Je ne vous promets rien ; c'est au roi votre maître

A vous récompenser, s'il vient à tout connaître.

(Elle se lève.)

ACTE III, SCÈNE V.

POLICASTRO.

Quand je parlai pour lui ce fut sans intérêt :
Je n'avais pas songé même qu'il le saurait...
Dois-je l'en informer ?

AURELIE.

Docteur, c'est votre affaire ;
Tout ce qui n'est pas fait peut ne se jamais faire.
Ainsi rien en mon nom ; parlez de votre part,
Mais après le conseil. (Elle sonne.)

(A un huissier.)

Au palais, sans retard,
Convoquez Leurs Grandeurs.

POLICASTRO.

Je ne saurais vous taire
Que du conseil privé j'ai vu le secrétaire.
Du trajet maritime il s'est trouvé si mal,

Que son zèle échoûrait contre un procès-verbal.

(Avec intention.)

Mais un homme discret remplaçant le malade...

AURELIE.

Je trouverai quelqu'un. Quant à votre ambassade,
Attendez le moment; pas un mot jusque-là.

POLICASTRO.

Je vous obéirai.

UN HUISSIER, annonçant.

Le comte d'Avella !

AURELIE, à Policastro.

Songez que le marquis, s'il a quelque prudence,
Doit à ses deux rivaux cacher la confidence.

POLICASTRO, qui sort.

Le marquis ! Dieu ! quel rêve ! à dater de ce jour,
Saluons de plus bas le soleil de la cour.

SCÈNE VI.

AURÉLIE, ALPHONSE.

AURELIE, sur le devant de la scène.

Ah ! le comte a parlé ! Qu'un moment on s'oublie,

Ils se ressemblent tous ; réparons ma folie.

Otons-lui tout espoir. Mais le voici !

ALPHONSE.

Pardon !

Je crains d'être importun, et je m'éloigne...

AURELIE.

Oh ! non ;

Je m'occupais de vous.

ALPHONSE.

(A part.)

Est-il vrai? Qu'elle est belle!

AURELIE.

C'était là ma pensée : elle est bien naturelle :
Je vous dois tant!

ALPHONSE.

Mon sang n'a point coulé pour vous ;
Je cours et je vous sauve ; un bonheur aussi doux,
Dont j'aurais de mes jours payé la jouissance,
Peut-il donner des droits à la reconnaissance ?

AURELIE.

Vous témoigner la mienne est un besoin pour moi :
Comte, publiez-la, je vous en fais la loi.
N'éprouverez-vous pas quelque charme à redire
Ce qu'aujourd'hui pour vous ce sentiment m'inspire ?

ALPHONSE.

Il suffit à mon cœur de l'avoir inspiré.

AURELIE.

Est-ce un bonheur parfait qu'un bonheur ignoré ?
Le soin de votre gloire autant que ma justice
Veut qu'un prix éclatant honore un tel service.

ALPHONSE.

N'en ai-je pas reçu l'inestimable prix ?
Je crois voir ce concours de sujets attendris,
Ce tumulte, ces pleurs que vous faisiez répandre.
J'étais là, dans la foule, écoutant sans entendre.
Distrait au sein du bruit sans m'en pouvoir lasser.
A force de sentir j'oubliais de penser,
Et fier de leurs transports, ému de leur tendresse,
Heureux, je m'enivrais de la publique ivresse.
A l'aspect de ces traits plus beaux de leur bonté,
Où tous les yeux ardens de ce peuple enchanté,
Fixes comme les miens, venaient dans leur délire

Pour tant de pleurs versés se payer d'un sourire ;

A votre nom chéri tant de fois proclamé,

Je sentais seulement qu'il est doux d'être aimé,

Et qu'il est un bonheur ignoré de l'envie

Dont un rapide instant vaut seul toute une vie.

AURELIE.

(A part.)

Flatteur !... Ah ! l'indiscret ! s'il n'avait pas parlé !

(Haut.)

Au conseil des Régens par mon ordre appelé,

Du secrétaire absent vous remplirez l'office.

Comte, puis-je de vous attendre ce service ?

ALPHONSE.

C'est un honneur, Madame.

AURELIE.

Et vous le méritez.

ALPHONSE.

Heureux si je le prouve!

AURELIE.

Entre les qualités
Qu'exige au plus haut point ce grave ministère,
La principale, au reste, est de savoir se taire.
C'est aisé, n'est-ce pas ?

ALPHONSE.

Madame, je le croi.

AURELIE.

D'ailleurs il ne faut voir dans ce nouvel emploi
Qu'un pas vers des honneurs, un rang, une puissance,
Qui doivent de bien loin passer votre espérance.

ALPHONSE.

Ciel!

AURELIE.

Répondez d'abord et parlez franchement ;

N'avez-vous dans le cœur aucun engagement ?

ALPHONSE.

Aucun, Madame, aucun; déjà je viens d'écrire...

AURELIE.

Si vous n'étiez pas libre, il faudrait me le dire.

ALPHONSE.

Je le suis.

AURELIE.

Car j'avoue avec sincérité
Que j'ai de grands projets sur votre liberté.

ALPHONSE.

Qu'entends-je? elle est à vous : à vos pieds je l'enchaîne.

AURELIE.

Peut-être à m'obéir aurez-vous quelque peine?

ALPHONSE.

O Dieu! non : je le jure.

ACTE III, SCENE VI.

AURELIE, en souriant.

Eh quoi ! sans rien savoir !
Attendez.

ALPHONSE.

Oui, j'attends : qui l'aurait pu prévoir ?
Suis-je digne ? Est-il vrai ? Dieu ! faut-il que je croie...

AURELIE.

Ecoutez.

ALPHONSE.

Oui, j'écoute : ah ! la crainte, la joie,
Ce bonheur douloureux dont je suis oppressé,
Il m'étouffe, il éclate, il me rend insensé ;
Mon cœur n'y suffit plus.

AURELIE.

Arrêtez.

ALPHONSE.

Je m'arrête,

J'écoute, je me tais.

AURÉLIE, à part.

C'est sûr, avec sa tête
Il perdrait tout d'un mot. Allons, c'est pour son bien.
Mais qu'il faut de courage et qu'il m'en coûte !

ALPHONSE.

Eh bien !

AURELIE.

Je veux...

ALPHONSE.

Ma raison cède à l'espoir qui l'exalte.
Ah ! de grâce, achevez.

AURELIE.

Vous envoyer à Malte.

ALPHONSE.

A Malte !

ACTE III, SCENE VI.

AURELIE.

Vous savez que cette île aujourd'hui

Est contre l'Orient notre plus ferme appui.

Sur le choix de ses chefs mon influence est grande.

Si l'un de mes sujets que son nom recommande,

Qu'illustrent ses exploits, dans leurs rangs est admis,

A son ambition que d'honneurs sont promis!

Quels services alors ne peut-il pas me rendre!

Vous comprenez.

ALPHONSE.

Mais non; je ne saurais comprendre.

AURELIE.

Votre noviciat dans cet ordre guerrier

Sera très-court...

ALPHONSE.

Comment!

AURELIE.

Sans doute, Chevalier...

ALPHONSE.

Moi !

AURELIE.

Bientôt Commandeur.

ALPHONSE.

Moi, Madame !

AURELIE.

Et peut-être
Grand-Maître un jour.

ALPHONSE.

Pardon !

AURELIE.

Oui, vous serez Grand-Maître.

ALPHONSE.

Permettez ; avant tout il faut faire des vœux.

AURELIE.

Aussi vous en ferez ; si j'en crois vos aveux,

ACTE III, SCÈNE VI.

Libre de tout lien, vous pouvez tout promettre.

ALPHONSE, à part.

De ma confusion j'ai peine à me remettre.

AURELIE.

Voyez quels nobles champs à vos exploits ouverts !
Du joug de l'infidèle affranchir nos deux mers,
Ne brûlant sous la croix que d'une chaste ivresse,
Avoir pour maître Dieu, la gloire pour maîtresse,
Rival des Lascaris, des Villiers, des Gozon,
A tant de noms fameux unir un plus grand nom :
Un tel vœu, le passé m'en donne l'assurance,
Quand il est fait par vous, est accompli d'avance.

ALPHONSE.

Mais ce vœu, c'est celui de ne jamais aimer;
Ne fût-ce qu'un projet, qui l'oserait former ?
N'eût-on à conserver, dans son indifférence,
Que cette liberté qui laisse l'espérance,

Qui donne un charme à tout, permet de tout rêver,
Se peut-il qu'à jamais on veuille s'en priver?
Qui? moi! par un serment funeste, irrévocable,
Du seul bonheur permis faire un bonheur coupable!
Et dois-je m'y résoudre? et le puis-je? et comment
Jurer de l'avenir?.. Je doute du présent.
Il est trop vrai, Madame; on s'aveugle soi-même,
On croit qu'on n'aime pas, et cependant...

AURELIE.

On aime?

Vous m'aviez dit, pardon de vous le rappeler,
Qu'à son pays, je crois, on peut tout immoler...
Mais non; n'y songeons plus: ce serment qui vous coûte
Ferait deux malheureux... on vous aime sans doute.
Au reste, j'ai parlé; c'était là mon projet.
Je le ferai connaître; oui, Comte, on vous permet
D'en instruire aujourd'hui notre cour qui l'ignore;
Il prouvera du moins combien je vous honore.

ACTE III, SCÈNE VI.

Si j'en avais quelque autre...

ALPHONSE.

Ah! qu'il reste inconnu!
De toute ambition me voilà revenu!

AURELIE.

C'est ce que nous verrons.

ALPHONSE, à part, en faisant un pas pour sortir.

Après un si doux songe,
Quel réveil!

AURELIE, à part.

J'ai pitié du trouble où je le plonge.
Je sens que mon dépit malgré moi désarmé...

(A Alphonse qui revient.)

Comte!... non, rien; plus tard.

ALPHONSE, à part.

Je n'étais pas aimé!

(Il sort.)

SCÈNE VII.

AURELIE, seule.

Ah! quand on est princesse, il faut donc se défendre
D'écouter quelquefois ce qu'on brûle d'entendre!
Mais on doit tout prévoir quand on veut tout oser.
Sur sa discrétion je puis me reposer,
Ou s'il parle il me sert ; achevons mon ouvrage.
Tout marche : le docteur portera son message ;
Le conseil va s'ouvrir... Mais quel soudain effroi
Au moment du combat vient s'emparer de moi?
Comptons nos ennemis : un, deux, trois adversaires :
Et je suis seule. Allons, point de terreurs vulgaires!
Plus le péril fut grand, plus grand est le vainqueur;
Et s'il trouble un cœur faible, il anime un grand cœur.

ACTE III, SCÈNE VII.

Il m'exalte, il m'inspire, et seule je défie

Les finances, la guerre et la diplomatie.

Nous verrons qui de nous, Messieurs, l'emportera ;

Vous offrez la bataille : eh bien ! on combattra.

Vos pareils sont enclins à gouverner leurs maîtres :

(Aux tableaux de famille qui l'entourent.)

Cela s'est vu souvent... N'est-ce pas, mes ancêtres?

Un favori sur vous eut souvent du pouvoir.

En ai-je un par hasard ? je n'en veux rien savoir.

J'aspire à vous venger. Surpris de mon audace,

Je crois voir vos portraits, fiers auteurs de ma race,

La visière baissée et le glaive à la main,

S'élancer des lambris pour m'ouvrir le chemin.

Vous donnez le signal, et j'entre dans la lice.

Que de mes ennemis le plus hardi pâlisse !

Je n'ai qu'un peu de ruse, et cependant je crois

Que cette arme suffit pour conquérir mes droits,

Et qu'avec son secours, bien mieux qu'avec vos lances,

Une Altesse en champ-clos vaincra trois Excellences!

On baisse le rideau.

FIN DU TROISIÈME ACTE.

ACTE IV.

Au lever du rideau, le conseil est commencé.

SCÈNE I.

ALPHONSE (à droite de la Princesse, devant une table, il tient la plume), POLLA, SASSANE, AURÉLIE, ALBANO.

AURELIE.

Non; c'est en vous, Messieurs, que le pouvoir réside;
Je donne mon avis, mais le vôtre décide.

ALBANO.

Vos avis sont des lois.

POLLA.

Comment leur résister ?

SASSANE.

Notre pouvoir se borne à tout exécuter.

AURELIE.

Je déciderai donc. Le duc a la parole.

ALBANO. Il se lève.

« Nous, Régent du Trésor... »

AURELIE.

Passons le protocole,
Expliquez le projet.

POLLA, à qui le duc d'Albano fait un signe, bas à Sassane.

Vous l'appuîrez.

SASSANE.

D'accord.

ACTE IV, SCÈNE I.

ALBANO. Il tient plusieurs papiers qu'il passe à ses collègues à mesure qu'il en parle.

« Vu que de tous les maux le plus grand est la mort ;
« Et qu'on doit, quand on règne, autant qu'il est possible
« Préserver ses sujets d'un fléau si terrible ;
« Vu la pétition de trois cents habitans
« Que la fièvre, à Pæstum, affligea de tous temps ;
« Vu les quatre rapports du conseil sanitaire,
« Signés Policastro, docteur du Ministère,
« Considérant, de plus, que l'État obéré
« Pour assainir Pæstum est par trop arriéré ;
« Proposons un emprunt sur trois juifs de Palerme,
« Sauf à régler du prêt et la forme et le terme. »
Qu'on ne m'objecte pas un Trésor endetté ;
Les dettes du Trésor font sa prospérité.
Le crédit comble tout ; et s'il est hors de doute
Que prouver son crédit c'est l'augmenter, j'ajoute
Qu'emprunter à propos est le point important ;

Car le crédit qu'on a se prouve en empruntant.

SASSANE.

Duc, c'est vu de très-haut.

POLLA.

Projet philanthropique !

ALBANO.

Un peu d'humanité sied bien en politique.

ALPHONSE, à part.

Quand elle vous rapporte.

AURELIE.

On doit avec ardeur
Embrasser le projet émis par Sa Grandeur.
Sauver des malheureux, rendre à des bras utiles
Ces incultes marais qui deviendront fertiles ;
Bien : mais de ces travaux si le terrain produit,
Quelques riches seigneurs auront seuls tout le fruit;
J'écarte donc l'emprunt. Ces travaux nécessaires

ACTE IV, SCÈNE 1.

Se feront, mais aux frais des grands propriétaires.
Vous accordez ainsi, par un même décret,
Et l'intérêt de tous et leur propre intérêt.

ALPHONSE, à part

Mon oncle est pris.

ALBANO.

Souffrez qu'ici je représente...

SASSANE.

Ah ! du raisonnement la force est imposante !

ALBANO, piqué.

Quant à moi, noble comte, il me paraît moins fort.

SASSANE.

Mon honorable ami, vous pourriez avoir tort :
C'est juste.

POLLA.

Assurément.

ALBANO.

Juste, mais arbitraire.

SASSANE.

Et quand cela serait, pourquoi ne le pas faire ?

POLLA.

Oui, pourquoi ? L'arbitraire est en gouvernement
Ce que la discipline est sur un bâtiment ;
Il en faut.

ALBANO.

Non, Messieurs.

SASSANE.

Si fait.

ALBANO, s'animant.

Et la patrie !

SASSANE, de même.

Mais le trône !

ACTE IV, SCÈNE I.

ALBANO.

Et le peuple !

AURELIE.

Ah ! Messieurs, je vous prie.
Messieurs !... Un point me frappe et va tout accorder :
Sa Grandeur aujourd'hui doit encor posséder
Du côté de Pæstum un immense domaine.
A l'avis général ce seul mot la ramène ;
Et le décret dès-lors est sans doute adopté
Par sa philanthropie et son humanité ?

ALBANO.

Je conviens...

AURELIE.

J'y comptais.

SASSANE, bas à la Princesse.

Admirable, Madame !

AURELIE, à Alphonse.

Secrétaire, écrivez : personne ne réclame.

ALBANO, à part.

Mon projet me ruine.

AURELIE, à Albano.

Il me sera bien doux
De voir ce décret-là contresigné par vous.

ALBANO, à part.

Chacun d'eux m'a trahi ; mais si je règne, il saute.

ALPHONSE, à part.

Malheur aux employés qu'il va trouver en faute !

AURELIE

La parole au marquis.

POLLA, se levant.

Je vais m'y préparer.

SASSANE, bas à Polla.

Du jeune secrétaire il faut nous délivrer.

ACTE IV, SCÈNE I.

POLLA, bas à Sassane.

Soutenez-moi.

SASSANE, bas à Polla.

Parlez.

POLLA.

Mes maximes publiques
Sont d'incliner toujours aux moyens pacifiques :
Et mon soin, du moment qu'un traité s'est rompu,
Fut de pacifier autant que je l'ai pu ;
Car tout guerrier, s'il a quelque philosophie,
N'est jamais plus heureux que lorsqu'il pacifie.
Aussi ces précédens donneront quelque poids
Aux belliqueux avis que j'émets cette fois.
Je me lasse des droits que le Croissant exerce.
Votre empire opulent, qui craint pour son commerce,
Est grevé d'un tribut de vingt mille ducats,
Payé par sa marine aux Turcs qui n'en ont pas.
Réveillons-nous enfin ! Trop long-temps débonnaires,

Jusqu'au fond de leurs ports rejetons leurs corsaires.

Un mot de Votre Altesse, et la flotte qui part

De la Croix dans Tunis arbore l'étendard !

Mais comme il faut un chef à nos forces de terre,

Qui joigne à la vaillance un grand nom militaire,

Le comte d'Avella, sur l'autre continent,

Est seul digne à mes yeux de ce poste éminent.

SASSANE.

D'un tel commandement plus l'honneur est insigne,

Plus il est mérité par le chef qu'on désigne.

ALPHONSE, se levant.

De cet honneur, Madame, ah ! ne me privez pas !

Contre vos ennemis disposez de mon bras.

Ordonnez que sur eux je venge votre injure,

Et je cours les chercher, j'y vole, et je vous jure

De vaincre, ou sous leurs coups d'expirer sans pâlir :

Et ce vœu-là, du moins, je pourrai l'accomplir !

AURELIE, *sévèrement*.

Pour soutenir mes droits votre ardeur est trop vive :
Vous n'avez point ici voix délibérative ;
Comte, rasseyez-vous.

ALPHONSE, *à part*.

Que de sévérité !
Et pour moi seul !

AURELIE.

Ce choix sans doute est mérité :
Mais c'est peu d'un grand nom, d'une illustre vaillance;
Ménager les soldats est la grande science,
Et rarement, Messieurs, une jeune valeur
Qui prodigue son sang est avare du leur.
Plaçons donc à leur tête un courage tranquille,
Qui sente le néant de la gloire inutile ;
En qui le long amas des triomphes guerriers
Ait un peu refroidi l'ardeur pour les lauriers.
A des périls certains, nombreux, incalculables,

Opposons des talens qui leur soient comparables.
Un héros les possède, il les rassemble tous;

(Au Marquis.)

Je le vois, je le nomme, et ce héros c'est vous !

POLLA.

Moi !

AURELIE.

Vous, Marquis; courez où l'État vous appelle :
Dans vos regards déjà la victoire étincelle.
C'est à vous qu'appartient un triomphe si beau.
Ou l'immortel honneur d'un si noble tombeau !

POLLA.

Mais, Madame..!

ALBANO, enchanté.

A ce choix, le seul qu'on devait faire,
L'invincible marquis ne saurait se soustraire.

ACTE IV, SCÈNE I.

POLLA.

Le comte, cependant...

ALBANO.

Oh! non pas : mon neveu
Exciterait l'envie et mettrait tout en feu.

ALPHONSE.

Mon oncle, par pitié...

ALBANO.

Monsieur le secrétaire,
Réprimez, s'il vous plaît, cette ardeur militaire.

AURELIE, avec plus de sévérité.

Dois-je vous le redire ?

ALPHONSE.

O ciel !

SASSANE, à part.

En général,
Je vois avec plaisir qu'on le traite assez mal.

POLLA, à Sassane.

Cher Comte, parlez donc.

SASSANE.

Que voulez-vous qu'on dise ?
Vous même vous avez proposé l'entreprise :
Vous en aurez la gloire.

ALBANO, à part.

Il est dupe à son tour.

POLLA, à part.

Comptez donc sur leur voix ! mais si je règne un jour !...

AURELIE.

Nous revenons, Messieurs, au projet d'alliance

(Montrant Sassane.)

Dont le comte parlait en ouvrant la séance.
Le prince de Modène a demandé ma main :
Qu'il apprenne par vous que son espoir est vain.

ACTE IV, SCÈNE I.

Un peuple à gouverner me suffit, et je n'ose
Me charger du fardeau qu'un double sceptre impose.
Je l'avoûrai pourtant ; de ma minorité
La dépendance est longue, et pèse à ma fierté.
Prendre un époux, du moins, c'est n'avoir plus qu'un maître ;
Mais pour le bien choisir, il faut le mieux connaître.
Par des talens prouvés aux honneurs parvenu,
Un de mes sujets seul peut m'être bien connu,
Et dès long-temps admis aux secrets de l'empire,
Peut inspirer à tous l'estime qu'il m'inspire.
Un d'eux seul doit régner.

ALBANO.

Qu'entends-je ?

POLLA.

Il se pourrait !

SASSANE, à part.

A-t-elle deviné ?

ALPHONSE.

Ces mots sont mon arrêt.

AURELIE.

Il régnera bientôt, et dans cette journée,
Au plus digne, Messieurs, ma main sera donnée.
Cet hymen, que vos soins différaient prudemment,
Veut être consacré par votre assentiment :
Sans doute il le sera. Ma justice royale
Pèsera tous les droits dans sa balance égale ;
Et l'on dira : ce trône où son sujet parvint,
L'équité le donna, le mérite l'obtint.
Ma volonté ce soir une fois approuvée,
Ma cour la connaîtra. La séance est levée.

(Elle s'approche d'Albano et lui dit à voix basse :)

Ministre vertueux et désintéressé,
Votre zèle par nous sera récompensé.

ACTE IV, SCÈNE I.

(En lui faisant signe de sortir.)

Silence !

ALBANO, qui s'éloigne.

Il serait vrai !

AURELIE, bas à Polla.

Guerrier vaillant et sage,
Vous saurez à quel point j'aime le vrai courage.

(Même signe.)

Silence !

POLLA, en sortant.

Quel espoir !

AURELIE, bas à Sassane.

Politique profond,
De vos destins futurs le passé vous répond.
Nous voulions vous le dire : oui, Comte, et pour le faire,
De ces témoins gênans il fallait nous défaire.

Nous nous verrons ce soir, et nous pourrons loin d'eux
Sur de grands intérêts nous éclairer tous deux.

(Haut.)

Ayez soin de vous rendre à cette conférence.

SASSANE.

(A part.)

Oui, Madame. Oh! bonheur! mais j'y comptais!

AURELIE, mystérieusement.

Silence!

SCÈNE II.

AURELIE, ALPHONSE.

AURELIE.

Pourquoi vous éloigner?

ACTE IV, SCÈNE II.

ALPHONSE.

Qu'attendez-vous de moi,

Hors ma démission de mon nouvel emploi ?

Quand on sent qu'on déplaît, il faut qu'on se retire.

Je le fais, je m'éloigne, et j'échappe au martyre

De prouver, sans espoir, à des yeux prévenus

Un zèle malheureux qui n'est qu'un tort de plus.

(Lui présentant un papier.)

Cette démission renferme mon excuse.

AURELIE.

Toujours celle qu'on offre est celle qu'on refuse ;

(Elle déchire le papier.)

Je ne l'accepte pas.

ALPHONSE.

Ah ! de grace, arrêtez !

Mes efforts n'ont pas su répondre à vos bontés.

Pour tant d'emplois divers je sens mon impuissance :
Militaire d'abord, marin par circonstance,
Secrétaire au conseil, à Malte commandeur...
Madame, au nom du ciel, que suis-je ?

AURELIE.

Ambassadeur.

ALPHONSE.

Maintenant ?

AURELIE

Sans délai, je vous charge de dire....

ALPHONSE. Il s'approche de la table.

Veuillez dicter, Madame, et je m'en vais écrire :
Je serai sûr alors qu'aucun mot indiscret
D'un reproche nouveau ne me rendra l'objet.

AURELIE, l'arrêtant au moment où il prend la plume.

Non ; cette défiance est aussi trop modeste ;

ACTE IV, SCÈNE II.

(A part.)

Parlez : ce qu'on dit passe, et ce qu'on écrit reste.

(Haut.)

Je ne puis voir votre oncle...

ALPHONSE.

Eh quoi !

AURELIE.

Vous sentez bien
Quels soupçons ferait naître un semblable entretien.
Dites-lui, mais tout bas, mais à lui seul au monde,
Que j'ai pour ses talens une estime profonde.

ALPHONSE.

Madame, expliquez-vous !

AURELIE.

Il n'en est pas besoin,
Et de tout expliquer je vous laisse le soin.

ALPHONSE.

Dieu! mon oncle!

AURELIE.

Un seul mot a beaucoup d'éloquence,
Pour qui sait en tirer toute la conséquence.

ALPHONSE.

Il l'emporte! et c'est moi, moi que vous choisissez!...

AURELIE.

Vous, son neveu, son fils, vous qui le chérissez!

ALPHONSE.

Mais...

AURELIE.

Cette mission vous va mieux qu'à personne.

ALPHONSE.

Madame!

AURELIE.

Je le veux.

ALPHONSE.

Permettez.

AURÉLIE.

Je l'ordonne.

(Elle sort.)

SCÈNE III.

ALBANO, ALPHONSE.

ALPHONSE

Tous les coups à la fois m'accablent aujourd'hui :
Mon oncle ! et l'on me force... et j'irais... Dieu ! c'est lui.

ALBANO.

La Princesse te quitte : eh bien ! mon cher Alphonse,
Quel est l'heureux mortel pour qui son choix prononce ?
Je viens savoir le sens d'un mot qu'elle m'a dit ;

Te l'a-t-elle expliqué? tu parais interdit;

Alphonse, mon neveu!

ALPHONSE.

J'en aurai le courage.

ALBANO.

De quoi? je n'en veux pas connaître davantage :

C'est sûr, tout est perdu; je suis...

ALPHONSE.

Vous êtes roi.

ALBANO.

O ciel!

ALPHONSE.

On me l'a dit.

ALBANO.

Qui?

ALPHONSE.

Son Altesse.

ALBANO.

Moi !

ALPHONSE.

En termes positifs, du moins j'ai su comprendre ;
On me donne à l'instant l'ordre de vous l'apprendre.

ALBANO.

Comment t'a-t-on parlé ?

ALPHONSE.

Vos rares qualités...
Vos grands talens... l'estime... enfin vous l'emportez.

ALBANO.

Répète, mon ami.

ALPHONSE.

Votre Grandeur l'emporte.

ALBANO.

Encor, mon cher, encor !

ALPHONSE.

Vous savez tout.

ALBANO.

N'importe :
Roi ! je suis roi ! Ce mot qu'on aime à s'adresser,
Est de ceux qu'on entend vingt fois sans se lasser.

ALPHONSE, hors de lui.

Fut-on jamais chargé de mission semblable !

ALBANO.

Jamais : c'est doux pour toi ; pour moi c'est admirable.
Elle aurait pu choisir un jeune homme : eh, bien ! non.
Admire comme moi cet effort de raison !

ALPHONSE.

Il me confond, mon oncle.

ALBANO.

Il m'a surpris moi-même,
Moi qui trouve ce choix d'une justice extrême.

Va, ton zèle me touche, et je suis enchanté

De la part que tu prends à ma félicité!

Je cours chez Son Altesse où ma reconnaissance...

ALPHONSE, l'arrêtant

Vous ne la verrez pas.

ALBANO.

Pourquoi?

ALPHONSE.

Sa défiance

Craint que cet entretien n'éveille des soupçons.

ALBANO.

Mes rivaux! leur aveu!... c'est juste; obéissons.

Mais demain je suis roi ; tout va changer de face...

J'élève, je détruis, je place, je déplace ;

J'organise, en un mot. Hors ma famille et moi,

Nul ne peut obtenir ou donner un emploi.

Du sort de mes rivaux à la fin je dispose ;

Qu'ils tombent. Au conseil qu'à moi seul je compose
Sans eux tout est porté, discuté, décrété :
Qui vote seul est sûr de la majorité !
T'imaginerais-tu que ces esprits vulgaires
Allaient jusqu'à se croire à l'État nécessaires ?...
Mais adieu ; désormais tes destins sont fixés :
Sois heureux.

ALPHONSE.

Je le suis.

ALBANO.

Tu ne l'es pas assez.

ALPHONSE.

Je fais ce que je peux.

ALBANO.

Mais sois donc dans l'ivresse,
Mon neveu ; te voilà neveu de Son Altesse.

(Il sort.)

SCÈNE IV.

ALPHONSE, seul.

Non, l'enfer n'a jamais conçu pareil tourment !
Moi, de l'ivresse ! moi ! mais je suis son amant :
Je suis votre rival, aveugle que vous êtes !
Comprenez donc enfin le mal que vous me faites,
Mon dépit, ma fureur... Eh ! non, vous m'ordonnez
D'applaudir aux transports dont vous m'assassinez !...
A qui parlais-je ? où suis-je ?... Ah ! mon ame abattue
Ne peut rien opposer à ce choix qui me tue !

(Après une pause.)

Pourquoi ? qu'ai-je à prévoir, à craindre, à ménager ?
Je me révolte enfin et je veux me venger :
Vengeons-nous ; et comment ? écrivons ! et que dire ?

Quand sur moi ma raison a perdu tout empire ;

Quand trahi par mon cœur, dans le trouble où je suis,

L'aimer et la maudire est tout ce que je puis !...

(Il tombe dans un fauteuil.)

SCÈNE V.

BÉATRIX ALPHONSE.

BEATRIX, une lettre à la main.

D'un hymen qu'il rejette il ne fut jamais digne;

Sassane ! rompre ainsi ! ce procédé m'indigne.

Et quelle lettre encor ! de motifs aussi vains,

De prétextes si faux colorer ses dédains !

(Apercevant Alphonse.)

Ah ! cher comte, c'est vous ! Dieu ! qu'un ami sincère

Quand on n'est pas heureux nous devient nécessaire !

ALPHONSE, la regardant sans l'entendre.

A l'amour qu'on méprise on peut ravir l'espoir,
Mais un tel traitement se peut-il concevoir ?

BÉATRIX.

N'est-ce pas ! s'abaisser à ce lâche artifice !

ALPHONSE.

Pousser à cet excès la ruse et le caprice !

BÉATRIX.

Dieu ! que vous êtes bon ! vraiment, il n'est que lui
Pour entrer à ce point dans les chagrins d'autrui !
Mais par qui saviez-vous...

ALPHONSE.

Eh quoi !

BEATRIX.

Qu'on m'abandonne.

ALPHONSE.

Vous ! mais la trahison n'a plus rien qui m'étonne ;
Je ne vois plus qu'orgueil, intérêt, fausseté ;
Et des mœurs de la cour je suis épouvanté.

BEATRIX.

Seriez-vous donc trahi ?

ALPHONSE

Moi, trahi ! moi, Comtesse,
Comme vous, plus que vous, avec tant de finesse,
De calcul, de froideur, qu'un pareil abandon
Est sans exemple, horrible, indigne de pardon,
Qu'il me rendrait cruel et que je prends en haine,
Et la ville et la cour, et la nature humaine.
Contre qui nous outrage il faut nous réunir.

BEATRIX.

Oui !

ALPHONSE.

Pour les désoler.

BEATRIX.

C'est vrai.

ALPHONSE.

Pour les punir.

BEATRIX.

Vous avez bien raison.

ALPHONSE.

Je le veux, je le jure;
Remettez-moi le soin de venger votre injure.

BÉATRIX.

Me venger !

ALPHONSE.

Je le puis : consentez.

BÉATRIX.

Mais comment ?

Quel est votre projet?

ALPHONSE.

Consentez seulement.

BEATRIX.

D'abord...

ALPHONSE.

Vous m'approuvez ; oui ; j'ai votre promesse,
Et je cours à l'instant...

SCÈNE VI.

Les précédens, AURÉLIE.

AURELIE.

Béatrix !

BEATRIX.

La Princesse.

ACTE IV, SCÈNE VI.

ALPHONSE.

Ne vous effrayez point : c'est moi qui vais parler;
Je me fais un plaisir de lui tout révéler.

AURELIE, à Béatrix

Eh bien donc, qu'avez-vous?

ALPHONSE, à part.

      Que son aspect m'irrite

BEATRIX.

Je... j'étais... pardonnez au trouble qui m'agite.

ALPHONSE, passant au milieu.

Souffrez que la comtesse emprunte ici ma voix :
A parler en son nom peut-être j'ai des droits.
Si vous le permettez...

AURELIE.

      Que voulez-vous m'apprendre ?

ALPHONSE.

L'amour depuis long-temps, et l'amour le plus tendre,

Nous enchaîna tous deux par des sermens sacrés.

BEATRIX, bas.

Comte!

ALPHONSE.

(Bas.)   (Haut.)

Laissez-moi dire... On nous a séparés;
De changer dans l'absence on nous croyait capables.
Mais peut-on désunir deux amans véritables?

BEATRIX, bas.

Quoi!

ALPHONSE.

(Bas.)   (Haut.)

Laissez-moi parler... Non; toujours plus constans
Nos feux ont triomphé de l'absence et du temps.
Que deux cœurs éprouvés par tant de sacrifices
Soient au pied de l'autel unis sous vos auspices.

ACTE IV, SCÈNE VI.

Vous ne sauriez former un nœud mieux assorti,
Plus doux, plus heureux...

BEATRIX.

Mais...

ALPHONSE.

(Haut, à Béatrix.)

Vous avez consenti.
Votre main fut à moi, je la réclame encore
De vous, de Son Altesse; et ce bien que j'implore,
Qu'un autre a mal connu, qu'il n'a pas mérité,
Doit être enfin le prix de ma fidélité.

(A Aurélie.)

Madame, accordez-moi la faveur que j'espère,
Et l'obtenir de vous me la rendra plus chère.

AURELIE, à Béatrix.

Vous donnez votre aveu ?

BEATRIX.

Mon sort est dans vos mains :
J'attends pour obéir vos ordres souverains.

AURELIE.

Mes ordres! quel respect!

BEATRIX.

Je saurai m'y soumettre.

AURELIE.

Le comte, en me quittant, ira vous les transmettre.

(Béatrix sort.)

SCÈNE VII.

AURELIE, ALPHONSE.

AURELIE.

Vous l'aimez ?

ALPHONSE.

Oui, Madame, oui, je l'aime, et je vois
Qu'il ne nous est donné d'aimer bien qu'une fois.
Un premier sentiment, quoi qu'on dise et qu'on fasse,
Gravé dans notre cœur, jamais ne s'en efface.
Trop ému de ma joie, en rentrant dans les nœuds
De celle à qui d'abord j'avais offert mes vœux,
Je peins mal mes transports ; mais comblez notre envie,
Madame, et vous ferez le bonheur de ma vie.

AURELIE.

Vous l'aimez ?

ALPHONSE.

Et... pourquoi... ne l'aimerais-je pas ?
Une autre peut encor réunir plus d'appas,
Un charme plus puissant et plus irrésistible ;
Mais la Comtesse est belle : elle est bonne et sensible,
M'écoute sans dédain, et n'a pas refusé
L'hommage qu'à sa place une autre eût méprisé.

AURELIE.

Je ne combattrai point un projet qui m'étonne :
Vous recherchez sa main ?... Eh bien ! je vous la donne.
Mais avant que ces vœux soient par moi consacrés,
Ecoutez ma demande, et vous y répondrez.
Digne de vos aïeux, dont l'antique vaillance
Vous rapproche du trône autant que la naissance,
Ainsi que de leur rang, vous avez hérité

ACTE IV, SCÈNE VII.

De leur noble franchise et de leur loyauté.

Au nom de Béatrix, dont le sort m'intéresse,

C'est à leur descendant, à vous que je m'adresse :

Alphonse d'Avella, l'aimez-vous ?

ALPHONSE.

Mais... je crois...

Je sens... Ah ! quel empire avez-vous pris sur moi ?

Non ! je ne l'aime pas ! je n'aime rien, Madame !

Ou plutôt, puisque enfin il faut ouvrir mon ame,

Ma folie est au comble, et j'aime une beauté

Que j'inventais sans croire à sa réalité;

Qui, mobile à l'excès, indulgente ou sévère,

Charme, irrite à la fois, enchante et désespère.

J'aime un objet qu'en vain je voudrais définir;

J'aime ce que jamais je ne dois obtenir ;

J'aime qui me dédaigne, et se fait une joie

Des fureurs, des tourmens où mon ame est en proie.

J'aime ce que je hais, ce que je dois haïr ;

Vous! vous-même, et je doute, en osant me trahir,

Quand je cède à vos pieds au transport qui m'entraîne,

Si je ressens pour vous plus d'amour que de haine.

AURELIE.

Qu'avez-vous déclaré? Vous, Comte, à mes genoux!

ALPHONSE.

Je me perds, je le sais, mais j'y reste; il m'est doux,

C'est un plaisir amer qui va jusqu'à l'ivresse,

D'oser vous répéter l'aveu de ma tendresse,

De vous dire, en dépit du respect, du devoir,

Qu'étouffer cet amour passe votre pouvoir,

Demandez-moi plutôt, vous serez obéie

D'anéantir mes sens, et mon cœur, et ma vie;

Oui, ce cœur, mieux vaudrait cent fois l'anéantir

Que de le condamner à ne plus rien sentir.

AURELIE.

Alphonse, levez-vous.

ACTE IV, SCÈNE VII.

ALPHONSE, en se relevant.

Alphonse! ô ciel! Alphonse!
Ah! Madame! ce nom que votre voix prononce,
Votre cœur le dément; mais le charme est détruit.
Je repousse l'appât qui long-temps m'a séduit...
Qu'ai-je dit? Je me trouble, et crains votre présence :
Je fuis, soyez heureuse; une prompte vengeance
Punira l'insensé qui vient de vous braver;
Et la mort est partout pour qui veut la trouver.

AURELIE.

Comte!

ALPHONSE, revenant.

Vous me plaindrez; sans doute on vous adore!
Mais avec cette ardeur, ce feu qui me dévore,
Ce dévoûment de l'ame; avec cet abandon
De mes vœux, de mon sort, de toute ma raison,
Jamais! D'un peuple entier fût-on idolâtrée,

Deux fois à cet excès on n'est pas adorée.

AURELIE.

Avant la fin du jour ne quittez point ces lieux.

ALPHONSE.

Où votre hymen m'apprête un spectacle odieux !
Et vous m'imposeriez ce dernier sacrifice !
Non, c'en est trop, je pars, et finis mon supplice.

AURELIE.

(A part.)   (A Alphonse.)

Comment le retenir ? Osez-vous résister ?

ALPHONSE.

Contre un ordre barbare on doit se révolter.

AURELIE.

Un sujet le peut-il ?

ALPHONSE.

Ah ! j'ai cessé de l'être.

ACTE IV, SCÈNE VII.

Je me suis affranchi ; je redeviens mon maître.

AURELIE.

Ecoutez-moi, du moins.

ALPHONSE, qui s'éloigne.

Vos dangereux accens
Auraient pour m'arrêter des charmes trop puissans.

AURELIE.

Songez qu'à demeurer j'ai droit de vous contraindre.

ALPHONSE.

Vous !

AURELIE.

Craignez!..

ALPHONSE.

Je vous perds, je n'ai plus rien à craindre.
Adieu, Madame, adieu :

(Il s'élance pour sortir.)

AURELIE, appelant.

Duc de Sorrente ! à moi !

(Le duc entre avec des gardes.)

Assurez-vous du comte : obéissez.

ALPHONSE.

Eh quoi !

Vous !... je suis confondu.

AURELIE, au duc.

Faites ce que j'ordonne.
Le comte est prisonnier : veillez sur sa personne ;
Observez tous ses pas ; je le veux, j'ai parlé ,
Il suffit.

ALPHONSE.

Je comprends que je sois exilé :
Mais prisonnier d'État ! non, cet acte arbitraire
N'est pas digne de vous.

(Il sort avec les gardes.)

ACTE IV, SCÈNE VII.

AURELIE, souriant.

Et pourtant comment faire ?
Voyez à quels excès on porte un souverain !
Mais s'il tient à partir, il le pourra demain.

On baisse le rideau.

FIN DU QUATRIÈME ACTE.

ACTE V.

Un trône élevé de quelques degrés est préparé sur un des côtés de la scène. Les courtisans forment des groupes ou se promènent avec agitation.

SCÈNE I.

Le marquis de NOCERA, POLICASTRO, le baron d'ENNA, LE GRAND-JUGE, COURTISANS.

LE MARQUIS, à Policastro.

Dites-nous s'il est vrai que leur pouvoir expire ;
On ne voit pas pour rien un régent de l'empire

Trois fois en un seul jour.

LE BARON.

Et l'on n'a pas pour rien
Avec sa souveraine un si long entretien.

LE GRAND-JUGE.

Non, vous êtes instruit : n'en faites plus mystère :
Nous sommes tous discrets.

POLICASTRO.

Messieurs, je dois me taire.

LE MARQUIS.

Le comte est arrêté !

LE BARON.

C'est presque un coup d'État.
Mais puisqu'il conspirait.

POLICASTRO.

Lui !

ACTE V, SCÈNE I.

LE BARON.

C'est son attentat
Qu'on jugeait au conseil.

POLICASTRO.

Erreur !

LE BARON.

Dans la séance,
Son oncle en l'apprenant a perdu connaissance.

LE MARQUIS.

Vraiment ?

LE BARON.

Et dans ses bras le comte s'est jeté ;
Tout le conseil pleurait !

POLISCASTRO.

Mais...

LE BARON.

Mon autorité

Est un homme influent; et les détails qu'il donne,
Il les tient d'un ami, qui voit une personne
Qui savait, par quelqu'un... C'est clair comme le jour !

POLICASTRO, à part.

Fiez-vous maintenant aux nouvelles de cour !

(Haut.)

Sa faute, croyez-moi, n'a rien de politique.
Je suis chargé par lui de cette humble supplique
Auprès de Son Altesse; et tout peut s'arranger.

LE MARQUIS, à voix basse.

Mais le gouvernement, on dit qu'il va changer.

POLICASTRO.

Nous l'ignorons, Messieurs.

LE MARQUIS.

Moi, je crains.

LE BARON.

Moi, j'espère :

ACTE V, SCÈNE I.

J'attends toujours du bien d'un nouveau ministère.

(A Policastro.)

On prétend qu'aux emplois vous êtes appelé?

POLICASTRO, qui se défend à demi.

Pourquoi?

LE MARQUIS.

Que le Sénat sera renouvelé?

POLICASTRO.

C'est faux!

LE GRAND-JUGE.

Qu'on doit frapper sur la magistrature?

POLICASTRO.

Frapper! oh! non : quel mot!... Il se peut qu'on épure,
Et c'est bien différent. Mais, Messieurs, par pitié........
Il faut que je remplisse un devoir d'amitié.....
Cette lettre... Souffrez....

LE MARQUIS, en se retirant.

Vous viendrez à ma fête :
Nous causerons.

LE BARON, de même.

Demain, nous dînons tête à tête.

LE GRAND-JUGE, de même.

A mon concert, Docteur, je vous attends ce soir.

(Ils sortent avec les courtisans.)

SCÈNE II.

POLICASTRO, LE MARQUIS DE POLLA.

POLICASTRO.

Ce que c'est qu'un reflet du souverain pouvoir !...
Mais voici le marquis ; sur son front sans couronne,

ACTE V, SCÈNE II.

D'un monarque en espoir la majesté rayonne.

(A Polla, qui sort des appartemens d'Aurélie.)

La Princesse a, je crois, confirmé mon rapport?

POLLA.

Sans me parler de rien; mais nous sommes d'accord.
En dépit des témoins, les regards, le sourire,
Me disaient hautement ce qu'on n'osait pas dire.

(Regardant autour de lui.)

Tout est prêt?

POLICASTRO.

Vous voyez cet appareil pompeux
Et ce fauteuil royal.

POLLA.

Un seul!

POLICASTRO.

Et demain deux.

Nous verrons Votre Altesse.....

POLLA, se retournant.

Hein ?

POLICASTRO.

J'ai dit Votre Altesse,

Mais pardon...

POLLA.

Non, Docteur, de vous rien ne me blesse.

(S'appuyant sur l'épaule de Policastro.)

Parlez encor, mon cher, sur le ton familier ;

C'est un dernier moment où je peux m'oublier.

Vous êtes bien heureux, vous autres ; votre sphère

Aux lois de l'étiquette est du moins étrangère.

POLICASTRO.

Tout n'est pas du bonheur dans votre auguste rang.

POLLA.

A la longue, on s'y fait ; mais un malheur plus grand

C'est de dire à des gens gonflés de leur mérite,

Et par qui cependant tout ici périclite,

A des gens qu'on aimait malgré leur nullité :

« Votre pouvoir passait votre capacité,

« Allez-vous-en !... » Voilà le malheur véritable ;

Mais pour bien gouverner il faut être équitable.

Ils s'en iront ; c'est triste.

POLICASTRO.

Évènement fatal,

Qui fera, Monseigneur, un plaisir général.

POLLA, avec hauteur.

Il m'importe fort peu qu'on m'approuve ou me blâme ;

Un soldat couronné dit ce qu'il a dans l'ame.

POLICASTRO.

Noble orgueil ! loin de vous les détours imposteurs !

Le talent sur le trône est l'effroi des flatteurs.

POLLA.

Je vous nomme baron.

POLICASTRO.

Et j'accepte d'avance.

(A part.)

Ce titre fera bien au bas d'une ordonnance.

POLLA.

Soyez toujours sincère et franc comme aujourd'hui,
Et votre souverain vous promet son appui.

(Il sort.)

SCÈNE III.

POLICASTRO, seul.

La majesté me gagne, et je commande à peine
A l'orgueil qui... Pourtant cette lettre me gêne.
La disgrace est parfois un mal contagieux;
Mais Alphonse est aimable, et pour tromper nos yeux,

Si par hasard... oh! non! qui sait?... non!... c'est possible,
Et pour être princesse on n'est pas insensible.
Obligeons tout le monde, et courons de ce pas...

SCÈNE IV.

AURÉLIE, POLICASTRO.

POLICASTRO.

Madame !

AURÉLIE.

Auprès de moi ne vous rendiez-vous pas ?
Docteur, j'attends quelqu'un.

POLICASTRO.

Permettez que j'arrête
Vos regards bienveillans sur cette humble requête.

AURELIE.

De qui?

POLICASTRO, avec intention.

D'un prisonnier sans appui que le mien.

AURELIE, qui s'arrête au moment d'ouvrir la lettre, à part.

Il ne l'aurait pas fait s'il ne soupçonnait rien.

(Haut.)

Vous êtes bien hardi.

POLICASTRO.

Qui? moi!

AURELIE.

Bien téméraire!

POLICASTRO.

Moi!

AURELIE.

C'est un parti pris, un jeu de me déplaire.

POLICASTRO.

Qu'ai-je fait!

AURELIE.

De vous seul j'ai toléré long-temps
Les dures vérités que chaque jour j'entends :
Mais c'en est trop : du comte embrasser la défense !

POLICASTRO.

Croyez que j'ignorais ..

AURELIE.

Excuser son offense!

POLICASTRO.

Je vous proteste...

AURELIE.

Ainsi, quel qu'en soit le danger,
Votre esprit inflexible est là pour m'assiéger
De conseils importuns, de graves remontrances ;
Pour m'imposer ses lois, ses goûts, ses préférences ?

POLICASTRO.

Dieu! jamais...

AURELIE.

Ce matin, sur mon choix consulté,
Vous poussez la raison jusqu'à l'austérité.
Jugeant tout, blâmant tout, frondeur inexorable
De tout ce que l'empire a de plus vénérable.

POLICASTRO.

C'est fait de moi!

AURELIE.

Ce soir, au mépris de mes droits,
Contre un de mes arrêts vous élevez la voix.
Sujet audacieux, à la fin je me lasse
De voir que devant vous rien ne peut trouver grace.
La cour ne convient pas à cet orgueil altier,
A cette ame d'airain qui ne sait pas plier.
C'est ainsi qu'on se perd; sortez!

ACTE V, SCÈNE IV.

UN HUISSIER, annonçant.

Son Excellence
Le comte de Sassane.

AURELIE, devant Sassane qui vient d'entrer.

Evitez ma présence,
Reportez ce placet à qui vous l'a remis :
Dans ses projets d'ailleurs je vous crois compromis.

POLICASTRO.

Je jure...

AURELIE.

Allez le joindre, et revenez apprendre
Comme on traite à vos yeux qui vous osez défendre.

POLICASTRO, à part.

Le cœur me manque... O ciel ! me serais-je attendu
Qu'un jour un trait d'audace à la cour m'eût perdu !

(Il sort.)

SCÈNE V.

SASSANE, AURÉLIE.

SASSANE.

Votre Altesse est émue ?

AURÉLIE.

Eh ! puis-je ne pas l'être ?
J'ai droit de m'étonner, de m'indigner peut-être,
Qu'on excuse le comte et qu'il trouve un appui.

SASSANE.

(A part.)

Sans doute on avait tort. Je ne craignais que lui.

AURÉLIE.

Dans peu vous saurez tout. Parlez ; votre message

M'a-t-il de Leurs Grandeurs assuré le suffrage ?

L'acte, qui par vos soins me rend ma liberté,

Est-il prêt ?

SASSANE.

J'entrevois quelque difficulté.

AURELIE, vivement.

Comment ?

SASSANE, à part.

Ne nous livrons qu'avec des garanties.

AURELIE, avec froideur.

Je comprends leurs raisons que j'avais pressenties.

(Sévèrement.)

J'y cède, et j'attendrai ; plus tard je dois régner.

SASSANE.

L'acte est fait.

AURELIE.

Eh bien donc !

SASSANE.

>   Ils ne voudraient signer...

J'en ai le cœur froissé, je souffre à vous le dire,

Mais je me suis rendu, las de les contredire :

Ils ne voudraient signer... C'est bien peu généreux :

Égoïsme tout pur, et j'en rougis pour eux !

AURELIE.

Enfin !

SASSANE.

> Ils ne voudraient donner leur signature,
>
> Qu'à des conditions dont mon respect murmure.

AURELIE, avec douceur.

Oui, l'obstacle, je crois, n'est pas venu de vous.

SASSANE.

Madame !

AURELIE.

> Que veut-on ?

ACTE V, SCÈNE V.

SASSANE.

Le nom de votre époux
Doit être au premier rang parmi les noms célèbres.

AURELIE.

Celui de vos aïeux se perd dans les ténèbres.

SASSANE.

Hors le nom d'Avella qu'on ne doit plus citer,
Aucun autre sur lui ne pourrait l'emporter.

AURELIE.

C'est accordé : passons.

SASSANE.

En outre l'on désire
Que le nouveau monarque ait servi cet empire,
Soit dans l'armée...

AURELIE.

Eh ! mais... songez-vous ?

SASSANE.

J'ai cédé
A cause du marquis.

AURELIE.

C'est adroit; accordé.

SASSANE.

Ou bien...

AURELIE.

Parlez sans crainte.

SASSANE.

Ou bien dans les finances.

AURELIE.

Ah! le duc pense à lui!

SASSANE.

Vraiment les convenances
Auraient dû l'arrêter. Mais non : j'en étais sûr;
Comme je vous l'ai dit.; égoïsme tout pur !

ACTE V, SCENE V.

AURELIE.

Dans ces arrangemens une chose m'étonne ;
C'est qu'on n'ait oublié qu'une seule personne.

SASSANE.

Laquelle ?

AURELIE.

Je m'entends ; finances, convient mal :
Administration est un mot général,
Qui vaut mieux.

SASSANE.

Qu'on peut mettre.

AURELIE.

Un mot qui signifie
Ce qu'on veut : le trésor... et la diplomatie.

SASSANE, *vivement.*

C'est juste !... J'ai tout dit.

AURELIE.

Et j'ai tout accepté.
Que leur aveu par vous nous soit donc présenté,
S'ils veulent à ce prix le donner l'un et l'autre.
Nous croyons superflu de vous parler du vôtre.

SASSANE, transporté.

Ah! je rends grace...

AURELIE.

Eh! non! chacun agit pour soi....
Égoïsme tout pur : comme eux je pense à moi.

SASSANE.

Vous me comblez!

AURELIE.

On vient, et l'on peut nous entendre.

SCÈNE VI.

LES PRÉCÉDENS, POLICASTRO, ALPHONSE;
Gardes qui entrent par la galerie du fond.

AURELIE, à Alphonse.

Du nouveau souverain votre sort va dépendre.

ALPHONSE.

Libre à lui de m'absoudre ou de me condamner;
Madame, désormais rien ne peut m'étonner.

AURELIE, sortant.

Attendez son arrêt.

SASSANE, à part.

J'aurai quelque indulgence :
Un jour d'avénement est un jour de clémence.

(Il sort.)

SCÈNE VII.

ALPHONSE, POLICASTRO.

(Ils se regardent un moment sans parler.)

ALPHONSE.

Qu'en dites-vous, Docteur ?

POLICASTRO.

Muet, déconcerté,
Je suis comme étourdi du coup qu'on m'a porté.
Je ne me sens pas bien.

ALPHONSE.

Je perdais tout pour elle,
Je ne me plaignais pas ; mais qu'on traite en rebelle,
Qu'on chasse de la cour, sans égard, sans pitié,

ACTE V, SCÈNE VII.

Celui dont j'exposai l'héroïque amitié,
Ah ! Docteur !

POLICASTRO, se ranimant.

C'est ma faute ; après tout que m'importe ?

ALPHONSE, lui serrant la main.

Noble cœur !

POLICASTRO.

J'aurai dit quelque vérité forte,
Sans m'en apercevoir.

ALPHONSE.

L'ami qui me vengea
Lui devient odieux !

POLICASTRO.

Elle règne, et déjà
L'aspect d'un homme libre importune sa vue.

ALPHONSE.

Hélas ! je l'aimais trop : je l'avais mal connue.

POLICASTRO, avec mystère.

Dieu ! quel règne effrayant semble se préparer !

ALPHONSE.

Oui ; ce n'est pas sur nous, Docteur, qu'il faut pleurer,
C'est sur l'État : les lois, la liberté bannie,
Tous les droits méconnus.

POLICASTRO.

Enfin, la tyrannie !
Si d'échapper tous deux nous avons le bonheur,
Car j'en doute, fuyons, en conservant l'honneur...

ALPHONSE,

Cette injuste beauté...

POLICASTRO.

Cette cour mensongère.

ALPHONSE.

Cherchons, pour y mourir, quelque rive étrangère !

POLICASTRO.

Pour y vivre.

ALPHONSE.

Où l'on trouve une ombre d'équité.

POLICASTRO.

Sans doute; où le pouvoir aime la vérité.
Nous irons loin, très-loin; mais je dis, je proclame,

(A voix basse.)

Ici, j'ose en partant crier... que c'est infame,
Que c'est une injustice, un despotisme affreux...
Chut! on vient : taisons-nous!

SCÈNE VIII.

Les précédens, AURÉLIE, BÉATRIX, SASSANE, ALBANO, POLLA, le baron D'ENNA, le GRAND-JUGE; le marquis DE NOCERA; le duc DE SORRENTE; sénateurs, dames d'honneur, courtisans; gardes.

(Aurélie monte sur le trône, Alphonse et Policastro sont à l'une des extrémités du théâtre, et personne ne leur parle.)

POLICASTRO, à Alphonse.

Comme on nous fuit tous deux ! Quels hommes !

ALPHONSE.

Que d'attraits ! ma douleur s'en augmente :
Dites-moi si jamais elle fut plus charmante ?

ACTE V, SCÈNE VIII.

SASSANE.

Tuteurs de Son Altesse, et Régens de l'État,

Devant la majesté du trône et du Sénat,

Les chefs de la justice et les grands dignitaires,

Par trois démissions libres et volontaires,

Nous déposons tous trois à l'unanimité,

Le fardeau qu'à regret nous avions accepté.

Cet acte, revêtu de la forme prescrite,

Transmet à Son Altesse un pouvoir sans limite,

Et le droit absolu d'élire un souverain,

En donnant à son gré la couronne et sa main.

(Il remet l'acte à la Princesse.)

Nous jurons au monarque entière obéissance.

AURELIE.

Nobles qui m'entourez, promettez-vous d'avance,

Faites-vous le serment de fléchir sous sa loi ?

TOUS LES PERSONNAGES, excepté Alphonse.

Oui, nous le jurons tous!

AURELIE, se retournant vers Alphonse.

Comte, vous êtes roi.

ALPHONSE.

Se peut-il?

BEATRIX.

Lui!

LES TROIS REGENS.

Le comte!

POLICASTRO.

O bonheur!

ALPHONSE, s'élançant au pied du trône.

La surprise!

La joie... est-il possible?

POLLA, à Aurélie.

Excusez ma franchise;

ACTE V, SCÈNE VIII.

Mais veuillez consulter l'acte signé par nous.

AURELIE.

Je le connais.

ALPHONSE.

O ciel !

AURELIE.

Que me demandiez-vous ?

(A Sassane.)

Pouvez-vous contester l'éclat de sa naissance ?

(A Polla.)

N'a-t-il pas dans les camps signalé sa vaillance ?

Marquis, votre suffrage est ici d'un grand poids.

Qui plus que vous tantôt m'a vanté ses exploits ?

Le docteur a soigné sa dernière blessure.

POLICASTRO.

Presque mortelle ! ô Dieu ! c'est ma plus belle cure.

(Avec effusion.

J'ai donc sauvé mon roi !

LA PRINCESSE AURÉLIE.

AURÉLIE, aux Régens.

Messieurs, le souvenir
D'un devoûment si beau vivra dans l'avenir.
Et je veux qu'après vous nos annales fidèles
Aux ministres futurs vous citent pour modèles.

SASSANE, à Aurélie.

Madame, en vous quittant j'avais tout découvert;
Forcé de vous tromper, Messieurs, j'en ai souffert;
Mais d'un si noble choix l'excuse est sans réplique.

(A Béatrix.)

Comtesse, vous voyez dans quel but politique
A la feinte avec vous contraint de recourir...

BEATRIX.

Je n'ai pas, Monseigneur, de trône à vous offrir.

ALPHONSE, tombant aux pieds de la Princesse.

J'en reçois un de vous; mais vous savez, Madame,
Si l'éclat des grandeurs avait séduit mon âme.

ACTE V, SCÈNE VIII.

AURELIE.

Alphonse, levez-vous. Prince, je vous remets
Un sceptre que vous seul porterez désormais.
Prenez : c'est sans regret que je vous l'abandonne ;
Mais laissez-moi vous dire à quel prix je le donne.
Vous allez commander à des sujets nombreux ;
Ne régnez pas pour vous, prince, régnez pour eux.
Cherchez la vérité, fût-elle impitoyable !
Ou faites-vous aimer pour vous la rendre aimable.
Aux lois, reines de tous, soumettez le pouvoir ;
Soyez grand, s'il se peut ; juste, c'est un devoir.
Soyez bon : la grandeur y gagne quelque chose.
Régnez donc, et des soins que l'État vous impose,
Quand le bonheur public n'exigera plus rien,
S'il vous reste un moment, vous penserez au mien.

FIN DU CINQUIÈME ACTE.

NOTE.

On indique ici quelques changemens pour les théâtres de province; la dernière partie des trois scènes suivantes se dit ainsi à la représentation:

ACTE TROISIEME.

SCÈNE II.

SASSANE, BÉATRIX.

. . . .
. . . .

SASSANE.

Et la vôtre est si douce! à l'abri des chagrins,
Tous vos jours sont à vous; ils sont purs et sereins.

Les miens... funeste éclat! et ce cœur sans courage
Veut vous associer à leur triste esclavage ;
Et je crois rendre heureuse, et je prétends chérir
Celle à qui pour présent ma main vient les offrir...
Ah! puissé-je employer la force qui me reste
A détourner de vous cet avenir funeste,
A vaincre le désir dont je suis combattu !
Je le veux, je le dois, j'en aurai la vertu.

BÉATRIX.

Ce combat généreux m'attendrit jusqu'aux larmes,
Et jamais votre amour n'eut pour moi tant de charmes!

SASSANE, à part.

Comment donc la fâcher?

BÉATRIX.

     Je sens mieux, près de vous,
Ce qu'au fort du danger le comte osa pour nous.

NOTE.

SASSANE.

(A part.)   (Haut.)

Ah! voilà le moyen! Même avant ce service,

On sait qu'en l'admirant, vous lui rendiez justice.

BÉATRIX.

Comment!

SASSANE.

Il est trop vrai, je l'avais soupçonné;

Et de votre froideur je m'étais étonné.

Non : depuis quelque temps vous n'êtes plus la même.

BÉATRIX.

Moi!

SASSANE, vivement.

Ne m'expliquez point cette réserve extrême,

Je la comprends, j'eus tort; et c'est trop présumer

Que de prétendre au cœur qu'un autre a su charmer.

Je ne m'arrête pas au vain motif qu'on donne

A ce retour soudain qui n'abuse personne.

On sait qui s'employa pour le solliciter :

Il revient, il vous sauve; il devait l'emporter ;

Il l'emporte en effet : pourquoi vous en défendre ?

Vous me faites justice et je dois me la rendre.

BÉATRIX.

Vous, jaloux ! se peut-il ? vous m'aimez à ce point !

SASSANE, à part.

Rien ne me réussit : mais ne faiblissons point.

(Haut.)

Jaloux! oui je le suis; je l'étais... Sans me plaindre,

On s'obstine à douter, on souffre à se contraindre.

Le soupçon qu'on veut fuir vous ronge à tous momens :

On se brise le cœur pour cacher ses tourmens :

Mais on se lasse enfin d'un si cruel mystère !

BÉATRIX.

Non, jamais comme vous on n'aima sur la terre !

Quel bonheur !

NOTE.

SASSANE, à part.

C'est vraiment de la fatalité;

(Haut, avec violence.)

Mais je la fâcherai. Je ne suis pas quitté;
Je brise le premier des nœuds dont on se joue :
Je romps tous mes sermens et je les désavoue;
Mais vous l'avez voulu; mais j'ai trop supporté
Tant de coquetterie et de légèreté!

BÉATRIX.

C'est l'amour à son comble, il me touche, il me flatte;
Et si je résistais, je serais trop ingrate.
Je dois par notre hymen couronner cet amour,
Je cède et c'est à vous d'en fixer l'heureux jour.

SASSANE.

(A part.)   (Froidement.)

Impossible!... Je sors : je cherchais la Princesse.

BÉATRIX, gaiment.

Et pas moi, n'est-ce pas?

SASSANE.

Dites à Son Altesse,
Si vous le trouvez bon...

BÉATRIX.

Que vous êtes jaloux!
Et que pour vous guérir il faut m'unir à vous!

SASSANE.

Pas un mot de cela, Comtesse, je vous prie!

BÉATRIX.

On rirait... Bien vous prend de m'avoir attendrie.
Je dirai . Sa Grandeur, Madame, a tout quitté
Pour s'informer ici d'une auguste santé.
C'est bien?

SASSANE.

Je vous rends grace, on ne peut pas mieux dire.

NOTE.

(A part.)

Pour rompre, quand on plaît, le meilleur est d'écrire.

(Il sort.)

ACTE QUATRIÈME.

SCÈNE VII.

AURÉLIE, ALPHONSE.

. . . .
. . . .

ALPHONSE.

Je me perds, je le sais; mais j'y reste; il m'est doux,
C'est un plaisir amer qui va jusqu'à l'ivresse,

D'oser vous répéter l'aveu de ma tendresse,
De vous dire en dépit du respect, du devoir,
Qu'étouffer cet amour passe votre pouvoir.
Demandez-moi plutôt, vous serez obéie,
D'anéantir mes sens et mon cœur et ma vie;
Oui, ce cœur, mieux vaudrait cent fois l'anéantir
Que de le condamner à ne plus rien sentir.

(Il se lève.)

Je pars... Vous me plaindrez; sans doute on vous adore!
Mais avec cette ardeur, ce feu qui me dévore,
Ce dévoûment de l'ame, avec cet abandon
De mes vœux, de mon sort, de toute ma raison,
Jamais! d'un peuple entier fût-on idolâtrée,
Deux fois à cet excès on n'est pas adorée.

AURÉLIE.

Avant la fin du jour ne quittez point ces lieux.

ALPHONSE.

Où votre hymen m'apprête un spectacle odieux!

Et vous m'imposeriez ce dernier sacrifice!

Non, c'en est trop, je pars, et finis mon supplice.

AURÉLIE.

(A part.)   (A Alphonse.)

Comment le retenir? Osez-vous résister?

ALPHONSE.

Contre un ordre barbare on doit se révolter.

AURÉLIE.

Songez qu'à demeurer j'ai droit de vous contraindre.

ALPHONSE, qui s'éloigne.

Vous!

AURÉLIE.

Craignez...

ALPHONSE.

Je vous perds, je n'ai plus rien à craindre.

Adieu, Madame, adieu!

(Il s'élance pour sortir.)

AURÉLIE, appelant.

Duc de Sorrente! à moi!

(Le duc entre avec des gardes.)

Assurez-vous du comte : obéissez.

ALPHONSE.

Eh quoi!

Vous! je suis confondu.

AURÉLIE, au duc.

Faites ce que j'ordonne.
Le comte est prisonnier : veillez sur sa personne,
Observez tous ses pas; je le veux, j'ai parlé,
Il suffit.

NOTE.

ALPHONSE.

Je comprends que je sois exilé ;
Mais prisonnier d'État !... non, cet acte arbitraire
N'est pas digne de vous.

(Il sort avec les gardes.)

AURÉLIE, souriant.

Et pourtant comment faire?
Voyez à quels excès on porte un souverain !
Mais s'il tient à partir, il le pourra demain.

(On baisse le rideau.)

NOTE.

ACTE CINQUIÈME.

SCÈNE VII.

. . . .

. . . .

POLICASTRO.

Presque mortelle! ô Dieu! c'est ma plus belle cure.
J'ai donc sauvé mon roi!

AURÉLIE, à Alphonse.

Prince, je vous remets
Un sceptre que vous seul porterez désormais.
Prenez : c'est sans regrets que je vous l'abandonne ;
Mais laissez-moi vous dire à quel prix je le donne.
Vous allez commander à des sujets nombreux ;

NOTE.

Ne régnez pas pour vous, prince, régnez pour eux,
Cherchez la vérité, fût-elle impitoyable !
Ou faites-vous aimer pour vous la rendre aimable.
Aux lois, reine de tous, soumettez le pouvoir;
Soyez grand, s'il se peut; juste, c'est un devoir.
Soyez bon : la grandeur y gagne quelque chose.
Régnez donc, et des soins que l'État vous impose,
Quand le bonheur public n'exigera plus rien,
S'il vous reste un moment, vous penserez au mien.

FIN DU CINQUIÈME VOLUME.

Nouveautés.

OUVRAGES DE M. CAPEFIGUE.

Histoire de la Restauration,
10 vol. in-8. 75 fr.

HISTOIRE DE FRANCE
SOUS LE RÈGNE DE PHILIPPE-AUGUSTE,
4 vol. in-8. 30 fr.

HISTOIRE
constitutionnelle et administrative
DE LA FRANCE,
depuis le règne de *Philippe-Auguste.*
4 vol. in-8. 30 fr.

Jacques II à Saint-Germain,
2 vol. in-8. 15 fr.

www.ingramcontent.com/pod-product-compliance
Lightning Source LLC
Chambersburg PA
CBHW050329170426
43200CB00009BA/1526